世界のひな形——日本

白光出版

日本人よ　今こそ起て

五井昌久

日本よ　日本人よ　今こそ起たねばならぬ
今日起たねばいつ起つ時があるのか
日本よ　日本人よ　今こそ起たねばならぬ
だが日本は剣を持つて起つのではない
九千万の心を一つに
平和の祈りをもつて起つのだ

日本は核爆弾の洗礼を受けた唯一の国
真実平和を絶叫できる唯一の国だ
何者だ今頃になつて武器を持とうと言うのは
剣をもつて防ぎ得るのは一時のこと
永遠の平和は剣を持つ手に来ることはない
日本の天命は大和の精神《こころ》を海外に示すにあるのだ
日本は今こそ世界平和の祈りによつてのみ起ち得る
世界平和の祈りは
大救世主の光り輝く言葉だ
救世の大光明は日本国の平和の祈りに結ばれて
地球の隅々にまでその光明を顕現するのだ

サラリーマンの家庭から
農家の主婦の心から
機械に躍る職場から
世界平和の祈りは光りとなつて
世界中にひろがつてゆくのだ

目次

世界のひな形——日本

第Ⅰ章　五井昌久

日本の使命

昭和30年1月9日　市川五丁目会館
『五井昌久講話集1　生命光り輝け』（白光真宏会出版本部）より

日本は世界の雛形

私は右翼ではありませんが、誰よりも日本を愛しているものです。

日本という国は世界の雛形で、神の宇宙の意志の表現され、完成されるものの姿であり型であるのです。一番よいものも、又一番悪いものも世界で最初に受けるのです。ですから一番最初に原爆の投下、水爆の被害を受けました。地図を見たって、世界を集めたものと日本を比較して見ると似ているのです。日本は世界が凝縮したものといえるのです。真の世界平和がまず第一に現われる模型なのです。日本人は十二才だとか、四等国だとかいう人たちがあるけれど、これ程下らないものはない。自分をけなし、自分を悪くいって、それで気持がよいのですか。日本は神の国、霊の国、光の国、大切な使命をもった国なのです。これくらいの自負と誇りを持たなければいけません。日本人が日本に生れた誇りとよろこびをもつのが当然です。

幽界を浄めねば人類は浄まらぬ

今は末世といって一劫の終りの時にあたります。即ち業が大きくくずれてゆく時に当るわけなのです。それと同時に神の光がまさに完全に現われ輝やこうとしている時でもあるのです。現在の人類はといえば、丁度、谷が先きにある坂をとめどなくすべっている氷の上に乗っているようなもので、もう絶壁にまできているのです。このまま放っておけば、そのまま人類は氷と共に谷に落ち、全滅してしまうのですが、そこを天からの光がそのすべりを止めているのです。

最近は霊界幽界と肉体界との間が非常に近くなってきているのですよ。そこで幽界の迷ったもの、言いかえれば悪魔なるものがはびこってくると共に、天上界からの天使の動きも目立って強くなってきているのですよ。

道元、法然、親鸞その他聖者が守護神として肉体人間以上の力をもって業消滅のため働いておられるのです。ということは天使の働き易い肉体をもった人間が多くなった、ということなのです。

私は空っぽで、場所ですから、私にそれらの守護神、天使が働きかけ、私の肉体を使って浄めているわけなのです。私が浄めるのは肉体ではなく、主として幽界、霊界を浄めているのです。幽界から迷いが業がどんどん流れ出ているのですから、現われ出る場の肉体をいくら浄めても、出てくるわけなのです。そこで業の流れ出る根源を私は浄めるわけなのです。幽界の迷える魂等を浄めているわけなのですよ。

日本を含めて、世界の業が今浮き上ってきているので、正気では全然考えられぬようなことが、国家的にも、個人的にもたくさん現われているのです。これらを大きな目から見れば、業を出し完全なる浄めをなす過程にあるのですが、過程にあるからといってそれがよいのではなく、業は業で悪いのです。業はそれ自身でぐるぐる廻って消えてしまうものですが、光をその上に強く放つ必要があるのです。

神の子の力を祈り出せ

一人一人の力が大きなものでなく弱くとも十人百人あつまれば十人、百人の結集した強い力を発揮することができるのです。業でさえ結集すれば国を滅ぼし、世界を破滅させる力をもつものですから、まして善いこと、光のことを団結して強く強く思えば、光の集団となってすべてを輝かすことになるのです。今の状態は光が闇の中を進軍してゆく姿なのです。ですから光を想って、光を結集させて強くするのです。闇をつらぬいて進軍するのです。そして闇を消してしまうのです。多くの人々が祈る高い光の祈り、平和の祈りは結集して、世界の指導者連の頭にひらめき、魔を消して、世界を平和にさせるのです。ですから一人でも多く大平和の祈願に燃えることが、業を一日も早く消して、真の平和を完成させることになるのです。

光を欠かさず常に想えと、いったからと、坐ったままで何もしなくていいというのではありません。どんな些細なものでも与えられた仕事には全力をあげる、全生命をかけてするということが光になっていることなのです。しかしいつでも全力をあげているということはないわけですから、暇があった時は欠かさず、世界平和、人類平和と自分の天命の完成されることを祈れ、というのです。仕事をするにも、神さまを常に想っている祈りを根本にしてすることがよいというのです。そうしてゆく内に神と一体となり、不動の心、不動の精神をもつことができるのです。

人間の本体を神と知れば無限力が出る

人類というものを離して、神さまはあり得ないのです。こういうと唯物論者のようですが、そうではないのです。光線のある以上、その光源がないということはなく、光源がある以上光線はあるのです。切っても切れないものなのです。人類のうち一人でも欠ければ、それだけ一本、大神さまからの光線が光らなくなるわけなのです。そこで大神さまは一本かけても完全なる神さまの働きをすることができないわけなのです。ですから人間は、本当は自分は神さまと一体である、私の本体は神そのものである、と少しでも悟りさえすれば、その悟った程度に従って、無限の力を発揮できるのです。

神界のお浄めと人間界

昭和30年1月9日 市川五丁目会館
『五井昌久講話集1 生命光り輝け』（白光真宏会出版本部）より

一神にして多神

今日は神界の働きと、これからの人間世界についてお話をしましょう。

一体、神さまは一つなのか、たくさんあるのか、ということが初めに問題になります。キリスト教では天父といって、ただ一つの神をいい、仏教では仏といって神とはいわず、神道では八百萬神が在すといっています。一神なのか、多神なのか。一寸迷いますね。しかしこの宇宙の神は、宇宙神[注1]（創造力の根元）としては一つで、それが守護神としてたくさんの働きに分れているのです。地球を司る神さまも、宇宙神から分れていて、地球上には今二十四億の未開発の神さまが生活しているわけです。

宇宙神は在りて在るもの、始めからあるもの。すべての創造力、根元としてあるもので、現れとしては守護神、観世音菩薩なのです。その現れがずうっと下れば、皆さん方人間でもあるのです。一つなるもの、充満しているものは、そのままでは働きとしては現われることができない。即ち生きとし生けるものの源なのです。それが分れて働き出したのが守護神なのです。ですから、一つであって多であるわけです。宇宙神を例えれば、太陽のようなもので、太陽の働きである光線の一つ一つが守護神といえるわけです。

〝空飛ぶ円盤実見記〟を読みましたが、円盤がジェット機に追跡されて空中に〝ふっ〟と消えてしまったのですね。その空を眺めていると、背後からとても美しい声で話しかけてきたものがあったそうです。話しかけられたといっても、言語の通じる同志が話すように口に出した言葉でするのではなく、想念と表情で、意《こころ》を交換したのですね。〝私は金星人だ〟と言ったそうですが、とてもきれいな青年だったそうです。いろいろと話をして、最後にちゃんと〝空飛ぶ円盤〟に帰って行ったのだそうです。このように、地球以外の天体にも人間のような姿、形をした生物がいるのです。これらの各星に住む生物にも力を与え、生命を与えている根源、また、それら全部を司っているものが、宇宙神なのです。それが地球を司る神、各星を司る神と、種々の神々に分れたのです。この地球を司る神さまも一神ではなく多くいるのです。

そして地球の運行、人類の将来などについて相談しあって、コントロールしているのです。人類をこうしようではないか、善くしてやろうではないか、という守護神たちの愛念が釈迦、キリストその他の聖者を地球上に降し、人間の本体を識らせようとしているのです。神が支配し易い肉体を使って、そのような人々が現われ、光を地球上にふりまいたのですね。普通の人間は、自分自身が発した間違った想念に、自分が縛られ、閉じこめられて、本来の光を受け取ることが容易にできなくなってしまったわけです。そのような人間に神そのままの光を放射すると、人間を取巻いた間違った想いの厚い殻は燃え切ってしまうのですが、それと同時に、地球上に生きる肉体までを消滅させてしまいます。そこで神の強い光を受けても、平気な肉体をもった人間に神は光を放射し、それらの人々を通して光を輝かせたのです。このようにして神は光をいろいろに放ち、宗教、政治、芸術等、各界に活躍して、地球上の人類を鍛錬させつつ、よくしてゆこうとなさっているのです。日も夜も分たず、一分一秒も休むことなく活躍しています。人間があとからあとから余計な想いを作り、発しているのですから、それを消すために力をつくして働いておられるのです。

人間は天地をつなぐ者

天上にあっては、宇宙神のいろいろの働きである神々が世界の各国を見守っているわけなのですが、その神々が相談し合い、地球人類を調和させてゆこうとしているわけです。色に例えれば、赤と青とが調和して紫と輝くように、それらの調和が地上の政治、経済、宗教、芸術等に現われて、世界が調和し合ってゆくようになるのです。

しかしこの地上の人間界にあっては、大きくは国、民族、人類の我がぶつかり合い、欺し合いしてまいた種(因)が、縁を得て芽を出し、果を結び、また種(因)を出して果を結んでゆくように、はてしなくぐるぐると業が廻っています。このように光と業の二つの世界があるのですね。しかし業は消えるものですから、どんどん廻りながらも消えてゆくのです。光の世界というのは始めなく、終りもなく、ひたすら太陽の如くにそのまま光っています。

業はいつかは消えてゆくのですが、その業の世界に変らず光を与え、光を放射して、暗い業を消し、追い払っているのが、守護神の働きなのです。この二つの世界にまたがって人間がおり、悪い想念を消しつつ、善い想念を出して、地上、天上を愛一元、光一元にしようとしているのです。

武力も圧制的思想も世界を平和にしない

今は将にその悪想念の姿形が、大きく、はっきり現われて崩壊してゆこうとしている時なのです。なぜなら、水爆、原爆という、人類と地球を一瞬にして破滅させてしまう恐しい悪魔の手段さえ考え出し、製造し、実験しているのですからね。

そうしたことの影響による天変地異も考えられることです。

大国が、それぞれ絶対指導権を握り得る統一を考えている以上は、世界人類が真に救われる平和世界はできっこありません。それが直接武力によろうと、圧制的思想の普及によろうと、同じことです。今世界は圧制的非人間的思想による統一と、それを退けようとする武力による統一の二つの行き方があり、日本はこの二つの流れのいずれを取るべきかに識者たちが辯論を闘わせ、あるいは直接行動にその行き方を示そうとしています。その他中間派的に、米ソの両方のご気嫌を取りつつ、生きてゆくより仕方がない、という行き方の人たちもあります。

日本はどうすればよいか

現在の段階として、日本人はこの二つの世界の間にあってどうすればよいか。本当の平和を地球上に実現させるにはどういう生き方をしなければならないかを、真剣に考えなければなりません。私たちは、あくまで宗教的な生き方を主にしてゆきたい、と思うのです。行動として、こうした問題にタッチできるのは選挙によることだけで、他に具体的な行動はできません。ですから、私たちは、神さまに一度この問題を返上してしまって、改めて神さまの智慧でこの大問題を解決してもらうようにすることが、一番賢い方法だと思うのです。それはどうするかというと、私がいつもいっているように、私たちの背後には、守護霊、守護神があり、私たちのうちには直霊がいて、常に私たちの天命を完うさせるように光を放っているのですから、私たちの肉体頭脳の種々の想念や考えをひとまず捨てて、それらの神霊に日本の平和、世界人類の平和を全託してしまうのです。

常に守護霊さん、守護神さん、と祈るような気持で、どうぞ日本が平和でありますように、とひたむきに祈るのです。その時は、不安の想念が減少しています。人類の不安、恐怖、疑惑等の小我（業）が常に、神々が人類救済のために放射している光を妨げているのですから、祈りによって、それだけそれらの業が減少している人類世界への光の放射（救いの波）が有効になってくるのです。

祈らねば平和はこない

このように、皆さんの祈りは天に受けられ、地上に今度は光となってかえってくるのです。この祈りを常に真剣にしている人々は、自然に光に充満され、光を内に蓄積して、光を地上界に放射してゆくことになるのです。光の放射能、すべてを生かし、輝かせる放射能をふりまき、ふりまきするわけなのです。ですから皆さん方は愛なる神さまの光を受けて、光を外に輝かしてゆくものとなればよいわけです。

この世界平和の祈り[注2]は、どんな人にだってできることなのですよ。七十、八十の老人でも、小学生でもできるのです。祈りなんか、と馬鹿にしてはいけません。この祈りは、神さまの祈りなのです。人類を救い、世界を救う重大な力なのです。この祈りがなければ世界は絶対に平和になりません。この光の放射が人類の思想を変えてゆくのです。地球や、宇宙全体の運行をも変えてゆくのです。この世界大平和の真摯な祈りだけが、力の平和と思想戦の二つに打ち勝つ唯一の方法なのです。口に出して言わなくとも、心の中で〝世界が平和でありますように〟と守護霊守護神につながって強く、大きく叫ぶのです。

いくら個人の平和、個人の利益、自由のみを願っても、世界の平和、人類の平和なくしては、それら一切の平和は成立ちません。原爆が一発頭上に落ちれば、自己の平和など一瞬にして消滅してしまうものです。はかない消えてしまうような、そんな自分だけの平和は本当の平和ではないのです。ですからまず第一に世界の平和、人類の平和を祈らなければなりません。世界の人々の真の平和の祈願は光となって、世界各国の指導者の脳裡に感応して、戦争や地球人類の破壊を何べんも防いでいるのです。

共産主義者たちの叫び唱える平和は、自分たちの主義、主張に賛成する人のだけのものであって、資本家はいらない、あんな奴等はやっつけろ、と彼らに反対する者は倒してしまえというのです。相手をやっつける平和、人を倒す平和は本当の平和ではないのです。それは業であって、神、光ではないのです。

貴方の祈りこそ世界を救う

自分一人で祈ったって、力がない私なんかが祈ったって仕様がない、と思うことはないのです。真の世界平和を願っている人たち、団体は他にたくさんいます。世界平和を祈っているのは一人ではないのですよ。多くの人々が、そのために生命を燃やしているのです。その祈りが光となり、神さまの働きとなって平和を妨げるあらゆる力を消しているのです。

力のない自分なんか、と思ってはいけません。自分が祈るのではないのです。守護霊、守護神が祈られるのです。これは世界を創り、世界を司る神さまの大悲願なのです。ですから神界に通じて、世界を光で満たすのです。どんな人でもできる大きな仕事なのです。平和を実現させる大きな力です。平和にならないのはアイツが悪いのだ、こいつが悪いのだ、こうだから、ああだから駄目なのだ、と非難しているだけでは何にもならない。平和に一つも貢献しません。

平和の祈りか、武力か

武器を持ってよいか、武器を捨てたほうがよいか、わからないのが現在日本の人々の状態でしょう。わからないけれど、どうにかなるだろうということではどうにもならないのです。どうにか思わねば、どうにかなるわけがありません。一人一人が世界の平和、人類の平和、日本の平和を思わねばどうにかならないのです。どうにかするにはこの祈りより他にないのです。日本、人類、世界の平和に必ず役立つもので、大平和を実現させるのにはこの大悲願より他にありません。

日本人八千万人全部がこの祈りをするならば、日本全体が光に輝き、光に囲まれて、武器を持たずとも日本の平和はゆるぎなく守られ、保持できるのです。この祈りは一方では外敵を防ぎ、一方では光を引出してゆくわけなのです。そうなるためには、皆さん方一人一人が神さまとつながり、神の子の自分を出すことに努めなければなりません。

元寇《げんこう》の時には神風が吹いて蒙古を撃退させることができました。しかし第二次大戦には神風は吹かなかった。これはどういうわけでしょう。第二次大戦の時には日本は世界を征服しようという野心があったし、アメリカにも同じような野心があったのです。その野心と野心とがぶつかりあって世界大戦となったのです。業と業との戦いであったわけです。何か戦争をしなければ気がおさまらなかった。そんな気持で始めた業の戦いであったものですから、神さまは神風を吹かせなかったのです。

元寇の時は、蒙古が日本を蹂躙し、征服しようという野心をもって攻めてきたのです。しかし、日本はそんな野心はさらさらなく、ただ攻めてきたので、止むを得ず戦って守るより他になかったわけです。戦うより他にない絶体絶命の状態になって、国民挙って神仏に祈りつつ戦いました。だから神風が吹いたのです。第二次大戦は両方の業のぶつかり合いでしたので、神さまは日本にたまった業を浄めるに丁度よい時機と思われて、神風を吹かせず、敗戦ということで日本を浄められたのです。

内なる神性の祈り

一遍上人は、南無阿弥陀仏と唱えることの他は何もいらない、ひたすら南無阿弥陀仏と唱えよ、と教えました。それは我が唱えるのではなしに、肉体の中に在す阿弥陀様が宇宙に充満している神さま（阿弥陀様）に向って南無阿弥陀仏と唱えるのだと説いています。そのように守護霊、守護神に世界が平和でありますように、人類が平和でありますようにと祈るのです。祈る自分は勿論小我の自分ではなく、内なる神性なのです。自分の内に在る神性が宇宙に充満する神のいのちに感応して、世界は創られてゆくのですから、肉体の私がするのではなく、自分の内の神さまが世界平和、人類平和を祈っているわけです。ですから祈りは強いのです。

観念を神に捧げよ

宇宙というのはいいかえれば、それは自分の住む家なのです。宇宙の中に生き、住んでいるのですからね。その自分の家である宇宙が平和でありますようにという祈りをすることは、とても大きな祈りなのです。そして、これが一番大事な祈りなのです。世界人類が平和でありますように、日本が平和でありますように、自分に与えられた天命がどうか完うされますように、とこの三つの祈りを常につづけてすることが、日本人にとって第一にすべきことなのです。

光をつねに充満させて、光になっている人は上よりの光を受け易いのです。その人たちは、今生においてだけではなく、前生から修業を積んできているのですが、そのような人たちには神さまの高い想い、強い光が働きかけるのです。結局、常に光を想い、神を想っている人は強い神の光を放射されても、平気なわけです。太陽のような光そのものが、直接目の前、心の中に入ってきても大丈夫なわけなのです。が、そうでない人は光のために業が急速に消えてゆくので大病をしたり、あるいは死んだりしてしまうこともあるのです。業のあつい人は業の消滅すると同時に、魂も共に焼けてしまうような型となって消えてしまうこともあるのです。その神の高い強い光を受けた人が、直接光を受けられなかった人々に、適した光だけ放射して浄めるわけなのです。

錬磨された肉体即ち天のこと、神のことを常に想って光になれている人々は、神さまが使い易いのです。神の大聖旨《みこころ》を地上に実現するためにも、多くの人々がこのように高い強い光を掲げる人になることが必要なのであり、常に神に想いをはせ、神と交流している肉体をもつ人間が多くなることを、神さまは待ち望んでおられるのです。

奇異を求めるな

それと反対に何か力を得たい、霊感を得たいと欲することは、我欲ですから、そのような想いは光ではなく、迷いがひっかかってきて気狂いになったり、常識をはずれた陰欝な雰囲気を持った人になったりするものです。奇蹟ばかりを想い、追い求めている者には、常識的に考えて少しおかしなことも普通のように思えてくるのです。迷った幽魂がついたり、いたずらな感情魂が災いしたりして、肉体をめちゃくちゃにされてしまうのです。ですから奇異ばかりを欲っし想わないで、ひたすら守護神、守護霊のことを想うようにすることです。

人類を救い、世界を救う菩薩心、大悲願でなく、金をもうけたいとか、特別な力を得たいとかいう想いは、地獄に落ちる迷いなのです。そんな人々がたくさんいるんですよ。神にほど遠い、馬鹿々々しいものです。

注1 宇宙神と守護神の関係については巻末参考資料の140頁参照。

注2 **世界平和の祈り**…この祈りは、五井先生と神界との約束事で、この祈りをするところに必ず救世の大光明が輝き、自分が救われるとともに、世界人類の光明化、大調和に絶大なる働きをなします。世界平和の祈りの全文は巻末参考資料の134頁参照。

日本と世界平和運動

昭和36年10月法話
『愛・平和・祈り』(白光真宏会出版本部) より

世界平和への無関心

何処の国のどんな人でも、世界平和を願わない人はないだろう、と普通の人は思うことでしょうが、実は意外な程、世界平和に無関心なのが、この地球人類のようです。

というのはどういうわけかというと、世界平和というのは、突然に世界平和になるのでも、一挙に平和世界ができるわけのものでもなく、個人々々の平和な心境が寄り集って、そこに平和世界が生れでてくるのだからです。ところがこの大事な自分の心境を平和にしようともせず、只単にアメリカがソ連が中国が日本の政府が、といたずらに他の人や他の国のやり方を非難していたのでは、その心境がもう平和世界をつくり出す心ではなくなってしまいます。

またそれよりも程度の低い人たちは、国のことも人類のこともどちらでもよい。只自分たちだけの、肉体人間としての日常生活が乱されなければよい、という心持でいるのです。

そこで、私はこの世の人たちは意外な程、世界平和ということに無関心だというのです。関心が深ければ深い程、どうしたら世界人類が平和になるだろう、ああいう方法は、ああいう政策は、とかいうように、種々な主義主張や政策を検討し研究して、自分の生き方を定めてゆくことでしょうが、そんなに熱心に世界平和樹立への道を検討し研究している人は少いのです。

主義主張を検討してその道を進んでいるように見える人でも、その検討や研究は、全く浅はかなもので、表面の理論的な、人間の心の状態というものを無視したような唯物的な考え方で納得している傾向が多いのであります。

これも世界平和への関心のあまりに深くないことを示しているのです。

世界人類というのは、一つの物の固りではありません。一人一人の個人が集って社会国家民族となり、その国家民族が大きく結合して、世界人類ということになっているのであり、この世界人類というのは、個人々々の思想想念、各国家民族のさまざまな思想想念が、あらゆる波動となって混合し交差しているものであります。

ですから、一個人の怒りや恨みの想いは、直ちに、その国家民族に反応し、国家民族の想いはそのまま世界中にひろがってゆくのです。

精神と肉体

只単に言葉で人間といっていますと、何んだか肉体の固りが人間だというように考えられてしまいますが、人間とは肉体の固りではありません。肉体を動かしている生命のことをいうのです。そしてその生命は二つの面即ち、精神と肉体というように一応違ったような働き方をするのであります。精神と一口にいいますが、この精神にも、霊性そのものとして働いている精神と、肉体に付随して、肉体とは切っても切れないような連関的働きをしている肉体内の精神とがあるのです。

唯物論者が精神といっているものは、この肉体内の精神、肉体に付随して働いている精神をいっているのです。ですから、神や仏を否定している唯物論にも随分精神的に秀れた人もいるのでありまして、神仏信仰がなくたって、霊など否定したって、あんなに秀れた人々が存在したではないか、ということがいわれるのです。

しかし、そうした精神的な人たちは、そうした表面的な精神の面だけで、その精神の奥にある、肉体とか物質とかいう物に惑わされぬ、霊性そのものである精神にまで想いが至らなかったので、真実の人類平和への道を歩むことはできなかったのであります。

真実の世界平和運動は、この世での霊性開発ということが根本になっていないと、どうしても物質の生活面での衝突ができてしまって、個人の間にも国家民族間にも、対立抗争が生じてしまうのです。

人間の想いが、常にこの世の肉体人間の生活の渦の中で、個人や人類の幸福を願っていたとて、永劫に個人も人類も真の幸福である平和生活をつくり出すことはできないのです。それは何故かというと、人間の本体は霊性でありますので、物質界の遅鈍な動き（波動）の中では、どうにも自己本来の霊妙敏速な動きを満足させることはできない、本来の自由自在性を発揮することができない。そこで、どのようなこの世での充足したような生活でも、真実の平安、大満足の境地になりきることはできないのです。

この真理のわからない人には、真実の世界平和運動はでき得ません。それはその運動が、軌道をそれて空廻りしているからなのであります。

平和運動に敵があっていいだろうか

近頃平和運動をしている人がかなり出ております。しかしその大半が、人間の霊性を問題外にした、物質人間としての平和運動なのであります。霊性を外した運動は、どうしても生命を一つの流れに融合させることが出来ないのです。

それは、肉体とか物質とかいう種々の障害があって、個人と個人、国家と国家、集団と集団というように、どうしても相対的に、相反する立場に二分し四分してしまうことになるからなのです。

現在世界で起っている平和運動のうち、共産系の平和の運動のように、はっきりと米国や西欧への敵意に充ちている、いわゆる平和ならぬ闘争運動は勿論のこと、MRAのような宗教的な平和運動でも、反共を宣言しているのであります。共産主義の善悪は別として、あれだけの尨大な共鳴者を持っている共産主義者を敵としての平和運動というものが果して成り立つものでありましょうか。自分たちは共産主義者ではないといっている人々の中にも、ソ連中国を根幹とした共産主義陣営を敵とした平和運動には多大の危惧を抱いている向きがかなりあります。そうしますと、この平和運動も、世界を二分三分してしまう平和運動ということになってくるのです。

現在のソ連中国を主軸とする共産主義の、目的のために手段を選ばぬ式の独善的なやり方には、非常な危険性を感じます。日本が現在の共産主義に侵略されたら一体どうなることでしょう。現在の自由さは忽ちのうちに吹き飛んで、不自由きわまりない、戦時中以上の窮屈な生き方をしなければならなくなるでしょう。それは目に見えた事実です。

といって、これだけ強大な力を持つ共産勢力を世界の枠外に置いての平和運動など出来るものではありません。こちらが枠外に置いても相手は構わず枠内に入ってくるにきまっています。そこでお互いに敵対行為をしなければならないことに必然的になってきます。

大国の小さな心

米国が国際連合に中華人民共和国を入れない、とがんばっていますが、いざ軍縮の話になれば、中国を除外した話合など危険で出来っこありません。ですから軍縮の話合だけには中国もいれようというのです。向うのいうことは聞きたくないが、こっちのいうことだけは聞かせようというのは、今日では使用者と労働者の間でも出来ないことになっているのです。

日本としては米国には随分世話になっているし、ソ連に占領されずに米国に占領されたことは、本当に神の大恩恵だと思うのですが、米国が現在のように、大国意識で、金や物資で弱小国にいうことを聞かせよう、という取引根性でいたら、弱小国は、ソ連の術策にうまうまと落ちてしまうでしょう。

米国はあくまで大国のプライドを持って、自国の損得でなく、正義という立場で真直ぐに政治政策を行ってゆくことが大事なのです。自国の都合の悪そうなことは、うまくごまかしてしまおうとするような小さな心では、現在の米国の地位を保ってゆくことは出来なくなります。

個人でも国家でも、ずるい、こそくなことをしてはいけません。如何なる場合でも、正しい道を歩いてゆかなければ、その個人も国家も自分の天命を完うすることはできません。

個人の運命も、国家の運命も神からきているのです。その運命を消えてゆく姿的なものにするか、天命として完うするかは、各人各国の生き方によるのです。天命即ち神の道、神のみ心を働かすためには、やはり神のみ心に合わせた正しい歩み方をしなければ駄目なのです。ずる賢い、自分の非をかばうような、そんな生き方をして天命の完うされる筈がありません。個人も国家も充分にその理を考えなければならないのです。

死ぬことが定めなら死ぬ、滅びることが定めなら滅びる、それはすべて神のみ心にあるのです。そして神のみ心は慈愛なのですから、神のみ心に忠実な生き方をしている個人や国家を無駄死させたり、無惨に滅亡させたりする筈は絶対にないのです。それを信ずることが宗教心なのです。

日本のなすべき平和運動

今日の世界状勢を観ていますと、右しても左しても危険きわまりない様相を呈しています。ですから、これなら絶対に世界平和になるという方法は、相対的世界観の上からないのであります。

共産主義陣営は共産主義陣営の都合のよいようなことをいうでしょう。米国や西欧陣営はやはり自陣営のやり方の正しいことを宣伝することでしょう。絶対に正しいことであっても、反対派というものがあるのがこの世のならわしなのですから、まして、一長一短一利一害ある両陣営の対立が、根本的に相違する立場にあることを考えると、この対立を超越した何者かの力が働かないことには、世界は次第に滅亡の方向に歩みを運んでゆくことになってしまいます。

この相対的な、敵対行為というものを超越させるのが、真実の世界平和運動である筈なのに、現在までの平和運動は、どうもこの真理を踏みはずしているようであります。

日本で行われた原水協の会議でも、どうにも反米的に傾いてゆきそうで、立教の松下総長などは第二原水協というものをつくって、右にも左にも片寄らぬ平和運動をしてゆこうとしておられます。これは実に結構なことだと思うのです。

平和運動が右や左に傾いていたのでは、平らにも和やかにもなりようがありません。世界平和というのは、世界中が、平らかに和やかに真実に心を融合させて生きてゆける世界ということで、対立をなくすことが第一の仕事なのであります。その第一のことを、もう踏み外してしまっているような対立感や敵対感をもった平和運動は、そのことだけでもはや、平和運動ではない、といえるのです。

それでは日本は現実的に、どういう平和運動をしてゆけばよいのか、ということになってくるのです。

先日も宇宙人関係の米国のウイリアムスン博士の講演で、日本は霊的の中心の国である。日本が西欧的な物質文明文化の道を進んでゆくか、本来の霊的な道を進んでゆくかは日本の自由であるが、日本が霊的の中心であり指導国であることは、各国の種々な霊能者がいっている言葉である、というようなことを話されたそうですが、日本人よりかえって、外国の霊能的な人々が、日本の真実の姿や、使命を知っているようで、日本人としては甚だ恥かしいことであります。

忘れられた根源の存在

私がこの小論ではじめから申しておりますように、世界平和に深い関心を持ち、世界平和を深く願望すれば、どうしても、人間の本質に深く立ち入らねばおられぬ状態になるのです。人間の本質がわからないでは、どういう状態が人類の真実の幸せであるかがわかる筈がないと思います。

この世の物質面は、変化変滅してゆきます。人間の肉体も変滅してゆくものの一つです。こういう変じ滅してゆくもの自体には、永劫の幸福も平和もある道理はありません。

滅びるということは、決して幸福でも平和でもないからです。滅びても滅びないもの、変化しても変化しないもの、それを明らかにしない限りは、個人の真の幸福も平和もありません。人類全体も同じことです。

この変滅しないものの正体を、昔の日本人はよく知っていたのです。神道の話は、その原理をそのまま実際面に現わして生活していた人々の実体なのです。霊肉一致、神我一体をそのまま生きた古代日本人の大らかな和やかな姿が、私の心に浮んできます。

消滅してゆくものを、あくせく追いまわしつづけてゆく肉体人間の哀れさは、本能のおもむくままに生きている動物の純真な姿にも劣るものと思われます。

人間は万物の霊長といわれています。確かに万物の霊長なのです。万物を大神に代って治めてゆく者が人間なのです。しかし、残念なことに、現在の人間は霊長といわれる霊のことを忘れ果てているのです。

霊とは巷間で幽霊などという、そういうものではありません。霊とは生命と同一のものでもあり、生命の発する根源ともいえます。大霊を大生命、分霊を小生命というように、霊とはものを生みなす根源の光なのであります。

根源の存在を忘れていて、枝葉の幸せだけを願ったところで、枝葉だけの幸せということがあるわけがありません。亭々と空にそびえるあの松の雄姿でも、根がしっかりしていなければ、育つことはありません。根から養分が頂点の枝々にまでゆきわたって、あの美しい雄々しい姿ができ上がるのです。

根を忘れ果てて、自己の幸福を願うという愚かさはこの一事でもわかる筈なのですが、こんなやさしい言葉でも、わからぬ人にはなかなかわからないのです。わからせない想いを、業想念、カルマというのです。

世界平和を願望するのには、まず自己の霊性であること、その霊性あるが故に、この世に肉体身を現わして生きてゆけるのである、ということを知らねばならぬのです。またそれを知らせることが、世界平和の成就のためには絶対に必要なことなのです。

日本人がもつ平和への使命

日本人は世界各国に先んじて、この霊性開発を成し遂げる天命を持っているのです。相対的な肉体人間的思想から、生命は同一なりを実感できる霊性発現の中心地は、大和と称号していた日本の国であり、日本人なのであります。

日本人は右のもの左のもの、縦のもの横のものという、あらゆる種類の思想や物事を、調和させて、成就させる天分をもっています。ですから外国文明も日本に来ると、日本に本来あったものとうまく調和して、到来したもの以上の立派なものに仕上げることが出来るのです。

日本人は猿まねが上手で、外国のものをすぐに模倣してしまって、同じようなものをつくる、といわれていますが、これは猿まねではなくて、外のものを受け入れて、自己のものとなす天分のしからしむるところなのです。どんな思想や物事でも受け入れ方が早くて、それを自己のものとすることがうまいのです。いいかえれば、どんな物事でも調和させ得る能力を天命として持っている、ということになるのです。

この天分が大事なのであり、これを世界平和樹立の方に持ってゆけば、日本の天命が果されることになってゆくのです。

インドなども非常に霊的な国ですが、あまりにも霊的に片寄りすぎてしまって、物質文明と大きな距《へだた》りをつくってしまったのです。霊肉一致の境地にはゆかずに、物質面をあまりにも嫌悪しすぎてしまったのが、今日になっても、文明文化の恩恵に浴せぬ地方がかなり多いということになり、未だに文字も読めぬという人がたくさんあり、貧富の差が甚だしく多いということになってしまっているのです。

そういう点で日本は、霊肉一致する、天地を調和させる天命を持った国柄なので、物質文明文化も素直に取入れて、今日の文明文化国家となっているのです。日本の今日の文明開化は、もうすでにアメリカ西欧並みになっていますので、いよいよ日本本来の霊性を、日常生活の上にも現わしてゆかねばならぬことになるので、そうしなければ、それこそ、猿まね日本といわれても仕方のない、模倣専門の国家になり果ててしまい、遂いには自国の天命を果し得ずに、地球人類を滅亡させる一役を買ってしまうことになるのであります。

ですから、日本は霊性の上に立った世界平和ということを、主願目として行動してゆかなければならないので、大国の動きを見ては、その動きにつれて自国の国策をつくり出してゆく、というような貧弱なことでは仕方がありません。

霊性開発の上にたつ平和運動を

日本こそ、真実の世界平和を生み出す中心国であり、指導国なのであります。戦争のない世界、反目斗争のない世界、それはどうしたら出来上がるか。これこそ日本がまず世界にさきがけて実行せねばならぬ大眼目なのです。

霊性開発の上に立つ世界平和運動、これこそ日本が総力を挙げてやらねばならぬ唯一絶対なる大仕事なのであります。これが実行出来なければ、日本の天命はないのですから、日本という国の存在価値はなくなってしまうのです。

全世界の霊能的人々、或いは予言書は、ことごとく、日本の存在に期待しているのです。日本は物質に隷属《れいぞく》する国ではありません。肉体生活だけに重きを置く国ではありません。霊性を極度に発揮して、この世界に霊肉一致大調和の世界をつくりあげる中心の働きをなさねばならぬ国なのです。

そこでまず、人間が霊性であることを認めまいとする誤った想念、つまりカルマ波動を日本人の心から消し去らねばなりません。日本の平和運動は、あくまで、反共だとか反米だとかいう、狭い想いの運動であってならないのです。国論を二分三分するようなものであってもなりません。

あらゆる危険を取除く努力は尊い

純粋に神のみ心を顕現する世界平和運動でなければいけません。共産主義の方が勢力があるから、共産主義国に味方する平和運動をしなければとか、米国と組むのが日本の今日までの立場だから、あくまで共産主義国とは一線を劃した平和運動だとかいう、大生命の現われを分断するような考えはこの際日本人の心から一蹴せねばなりません。

あらゆる主義主張も一切ひっくるめた、大らかなる平和運動こそ、日本が国を挙げて行うべき唯一の道なのであります。

そんなことをいっていると、うまうまと共産主義国の餌食となって、日本は共産主義に隷属されてしまう、と反論する人もあるかも知れません。そういう人には私からもお尋ねすることにしているのです。

「あなたは共産主義国と対立していて平和世界が出来るというのですか、こちらに対立する想いがあれば、相手はそのことをかえってよいことにして、対立抗争の手段を行じてくるのではありませんか」と、相手が先に侵略しそうにしてくるから、こちらも防衛的に対立することになる、とその人はいうかも知れませんが、それでは何度びも戦争を繰り返した昔の考えと全く同じことで、原水爆戦争の危機にさらされている今日の人のいうことではなくなります。

戦争を防ぎたいと思うなら、戦争になりそうな、あらゆる危険を除く努力をしなければなりません。相手がやりそうだから、といって自分の方も武器を持って待つ、という心では永劫に戦争の危機は去りません。否、もう直ぐにこの地球人類は最大の悲劇に直面してしまいます。

日本は今こそ勇気を奮い起こして、あらゆる対立抗争の想いを捨て去った、世界平和の心になって、世界平和を、世界人類に向って絶叫しなければなりません。真実大調和の心になって絶叫した時こそ、神々の人類への救いが実現されるのです。

世界平和悲願の下に総結集しよう

日本が日本人が、世界平和の悲願の下に総結集して行動し出した時の力は、現在のように三分裂四分裂した世界平和運動とは全く異なった偉大な感銘を世界の隅々までに与え、世界各国から、真実の世界平和の声が湧き上がってくることになるでしょう。

日本の平和運動は、まず、あらゆる主義主張を含めた、世界平和の祈り的運動になってゆかねばならないのです。

自分たちが真実に平和の心になっていて、それで滅亡するなら、それは人間としては神のみ心のままを素直に行じ、人事をつくしたのですから、いうところはありません。いくら自己防衛をしてみてあがいたところで、かえって平和を乱すだけで、何等のプラスにもなりません。私たち人間はすべて神から来た者たちです。神はすべてのすべてであり、人類の親でもあるのです。地球人類はまだ幼いのです。ですから、神のみ心に素直に従って、生きるも死ぬるもすべてお任せしておくことが最上の手段なのです。

神のみ心は世界人類の平和達成を確立しておられます。みんなが仲良く平和であることこそ、神のみ心の現れであります。ですから、そのみ心を忠実に行じた者や国の上に、不幸な状態がくることは絶対にないのです。

世界が平和になるためには、まず自分の心を平和にしなければなりません。自分の霊性をひらくことが、日本の霊性をひらくことであり、日本が平和になることは、世界人類が平和になることです。平和になるためには霊性をひらかなければならない。霊性をひらくためには祈ることが第一の重要事です。そこでこれをすべて一くるめにして、世界平和の祈りをすることが、私たち日本人に荷せられたる天命であるということになるのであります。日本の世界平和運動は、世界平和の祈りにつきるのであることを私はここに確言するのであります。

第Ⅱ章　西園寺昌美

日本の行方

平成23年9月法話より

祈り人の尊いミッション

日本人一人一人の意識は、現実に進化創造の坂道を一歩一歩昇りはじめています。日本は大震災に見舞われ、かつまたこれからも経済破綻[注3]（無限なる発展！）に向けて走り出し、さらには新たな地球規模の天変地異の兆しも見られるという状況に置かれていますが、地上にはすでに真理に目覚めた人々が数多く誕生しています。彼らは日本国をはじめ世界の平和と地球の進化を常に創造し、究極の真理を世界中に発信しつづけているのです。

私たちはこれらの人々を称して神人[注4]と呼んでいます。神人は世界の救済という重大な役割を担って、世界の先端を走りつづけている祈り人です。彼らは人に知られることなく日々黙々と祈ることを誇りとしています。自らの天命を完うさせつつ、同時に全人類的視点に立って、今日も世界平和を祈り、印を組み、永遠の生命の大法則を生ききっているのです。

こうした人々が日本には数多く存在しているからこそ、日本は必ず蘇るし、必ず復興を遂げるし、必ずすべてを成就させてゆくこと間違いなしです。彼らは不屈の精神力を秘め、神性復活を目指しているのです。

これからは、個人の幸せのみを願い、祈っているだけでは決してすまされません。真の幸せとは自分だけの救われでよしとすることではないのです。だからこそ、神人たちは世界人類の平和と実現のために自らの天命を捧げ尽くしているのです。

そのため神人たちは、いかなることが生じようとも決して慌てず、逃げず、恐れず、隠れもせず「絶対大丈夫」「必ずすべてはうまくゆく、大成功」「大成就」という強い信念に裏打ちされて淡々と生きています。利他の精神に基づき、思いやりと慈しみと愛溢れる生き方を、身をもって世に示して生きています。

日本人本来の精神

大震災後の日本人全体の意識は、今までとは全く違ってきました。本来の日本人の気質、精神が蘇ってきたのです。

では、本来の日本人の気質とは、どのようなものでしょうか。

1　争いを嫌い、和を尊び、大自然を愛している。
2　贅沢や華美を好まず、質実剛健をモットーとしている。
3　根からの性善説であり、生きとし生けるものすべてに神が内在することを無意識に認めている。

4 宗教対立せず、逆にすべてを包み込んでしまう寛容さを持ち合わせている。

5 他を押しのけたり、排除したりすることをよしとせず、かつまた自分を主張することを極力抑制できる強い意志を持ち、侮辱や無礼に対しても堪え忍ぶことを自らに強いるほどの高い精神性を持つ。

6 努力家であり、真面目さ、勤勉さ、忍耐力に富み、相手に対してへりくだることを美徳とする。陰謀や策略を用いることを恥と思う。

こうした日本人の精神性を象徴しているのが、日本の伝統的な文化です。華道、茶道、香道、柔道、剣道、合気道……これら日本の文化、伝統、芸術の中には、高い精神性、美意識、礼節、正義を重んじる「道」が一貫して貫かれています。道とは即ち哲学であり、倫理、道徳などを含んでいます。即ち人間として生きていく上で大切な真髄を、日本人は自然に身につけているのです。なぜなら日本人のＤＮＡに、それらが深く刻印されているからです。

こういった日本人独特の精神意識は、世界を見ても稀であると思います。日本の常識は世界の非常識と言われているそうですが、日本人から見た世界の常識は日本の非常識です。日本人は和を愛し、常に調和の精神を主導にして生きているからです。

日本産業でも、作る人よし、売る人よし、買う人よしがモットーで、三方すべてがハッピーになるという物づくりが主流です。物を作る人は使う人のために細かい心尽くしを充分にしています。しかも子孫代々までも受け継がれてゆくような素晴らしい品を、丁寧に心を込め丹念に仕上げてゆくのです。日本人は物にも心が宿ると自然に考えている国民性があるのでしょう。

これから日本人が果たすべきミッションを考えると、多くの人々に、もっと日本人としての誇りと使命感を持って生きていただきたく、あえて日本人の素晴らしい資質を列挙しました。もちろん外国人にも聖なる人、崇高なる人、偉大なる天命を持った人々が多く存在しています。しかし、そのような人々は世界各地に点在しているため、日本のように、一国を支える民族の中に精神的な人々が大勢いるとは、今現在はまだ言えないのです。

いよいよ日本から「神性復活」が始まります。今までの西欧米国中心の文明は終わりを告げ、これからはアジア、そしてアジアの中の日本の天命と役割が重要になってくるのです。日本人の根底に流れているＤＮＡ＝神意識こそ世界を救う鍵となります。

日本が神性復活を果たす原点は、経済でも軍事でも宗教でもありません。日本人一人一人の持つ精神性、即ち神意識です。そのためにも、今までのようにに自分の選択決断決行が出来ず、他に依存していた生き方から自立してゆく時に至っているのです。一人一人が自らの意志で物事を決定し、その結果の責任を自分で取るという目覚めた精神こそが、日本神性復活を為し遂げてゆく唯一の鍵であります。

日々の決断が　日本の命運を導く

かつての常識であった生き方――国民が、政府や経済界、学者や科学者のトップリーダーが発表したこと、発言したこと、書いたことを当然のように認め、それらに何一つの反論もなく従う生き方は、もはや時代錯誤となりました。

かつては「何だか少しおかしい。どこか間違っている、これでいいのか」と思いつつも、「今さらかかわるのは面倒だし、自分一人に何が出来るのか」とあえて黙って見過ごした人たちもいました。

日本人として、双方ともに責任が問われる問題です。私は、震災後、福島原発や放射線に関して、日本人全体がかなり神経質に不安や恐怖を感じているのを新聞、テレビ、その他の報道を通して見聞していたので、朝日新聞が四月十八日に発表した世論調査の結果を見た時は、正直驚きました。

「減らすほうがよい」「止めるべきだ」がトータル四十一パーセント、「増やすほうがよい」五パーセント、「現状程度にとどめる」五十一パーセントという結果です。現実は、現状支持がトータル五十六パーセントです。日本人の半数以上が原発賛成者であるとは……。

私はこの数字を見て、正直、未だに日本人一人一人は「原発可否」の問題や「未来の日本の行くべき道」を真剣に考えてはいないのではないか、と思えてなりませんでした。相変わらず「赤信号、皆で渡れば恐くない」という意識から脱し得ない状態なのです。これでは日本の未来は誠に危ういと言えましょう。

国民が国家の大きな決断を下すということは、大変なことであります。一人一人の日々の意識が国の運・不運を分かつからです。即ち日本国の運命は、日本人一人一人の意識レベルの集合によって決まるのです。

ということは、日本人一人一人が自分の日常生活を通して、時折々に持ち上がってきたごくありふれた問題、家族問題、教育問題、政治、経済、そして事件やトラブル等……種々さまざまな出来事をどのように考え、捉え、解決してゆくかにかかっている、ということなのであります。

それらの問題や出来事に対して一人一人が決断を下す時の意識エネルギーが、低次、あるいは高次であるかによって、その中でもとりわけ多く集まった意識エネルギーが日本人全体の意識集合体のレベルとなり、国運を導いてゆくのです。原発の問題もしかり。日本人一人一人が特に真剣に考えていなくても、世の中はどうにかなる、皆がすることに従えばいい……と安易に物事を考えてしまう日本人が多いと、それらの低次元意識集合体により、日本の国家は平和安全とは異なる方向へと導かれていってしまうのです。

日本人一人一人がもっと真剣に自分の思考、自分の選択、自分の決断、自分の責任問題を改めて見つめおさなければならないのです。「総理が決めてくれる」「トップが判断してくれる」という安易な時代は終わりを告げました。

責任ある一人一人の意志決定によって、日本の行方が左右されてしまうことを真剣に考えてゆかねばなりません。物事を一つ一つ真剣に考える習慣を身に付ければ、必ず善い結果を自分のものにすることが出来るのです。

今までのように、他に依存するという低次元意識レベルのまま生きてゆくならば、日本人は取り残されてゆくことでしょう。なぜなら自分の意志決定を大きく変えるか、変えないかの選択決断を下すのは、他でもない自分自身だからです。どうせ変わらない、変わりたくはない、現状維持でよいと考えている人たちは、必ずその結果を自分が引き受けなければならないのです。

「自分の意識を変えていかなければ……」「正しい自分の選択、決定を下さなければ……」と真剣に考える人たちは、必ず自らの意志決定により高次元意識へと昇ってゆきます。そのような日本人が増えれば増えるほど、高次元意識集合体により、日本の未来は輝かしく変容してゆきます。意識を変えようとする日本人を導いてゆくのが神人たちのミッションです。神人たちは必ず神示「日本の神性復活」を成し遂げてゆくことでしょう。なぜなら、日本人のこのような生き方を世界人類は待ち望んでいるのです。

人々は意識した世界へ導かれている

前にも述べたように、日本人は不屈なる精神力、崇高なる意識をみな潜在的に持っています。日本人一人一人が眠っている使命感に目覚め、燃えたなら必ず復活は成ります。日本人は、平和主義者だからです。そして賢明で善なる人々の結集だからです。日本人が使命感をもって立ち上がれば、世界は皆誰もかれもが心から祝福することでしょう。世界を平和に導いてくれる日本人に期待を寄せているのです。

最終的には、人類はみな等しく、真理を学ばなくてはなりません。それは人類いかなる人といえども、自分が意識しないものは絶対に現実に現われないということであります。絶対に!! 従って、自分は幸せになれないと常に意識し、思っている人は、幸せになれないし、幸福が訪れるはずはないのです。なぜならいかなることも自分が意識したことは、その意識のエネルギーにより、確実に現実に降ろされるからです。

平和にはならない、不可能だ、戦争や飢餓や貧困はなくなるはずはない、と意識する人々の上には必ずその状況こそが現われてきます。要するに、自分が百パーセント意識しないことは法則により現実に百パーセント現われないのです。

人々が「世界が平和になりますように」「絶対大丈夫」「必ずよくなる」「すべては大成功」「成就」「我即神也」[注5]「人類即神也」[注6]と意識していると、絶対に確実に百パーセント、自分たちが意識した現実が、自分たちの前に顕現されるのです。神人および祈り人たちは、究極の真理に目覚めたお蔭で、日頃意識することは必ず降ろされています。たまにネガティブな状況を意識したにせよ、消えてゆく姿、光の変容で、意識をマイナスからポジティブに変えているので、必ずポジティブな状況が実現化するのです。

ゆえに神人や祈り人たちは、実際に人生がどんどんよいほうに、素晴らしいほうに、自分の意識が願い、望むほうに、幸福に変わっていっているのであります。この真理の法則を、神人たちが実際に証明しつづけています。

また、輝かしい生き方のみではなく輝かしい死に方も同様であり、自分の意識することのみが実現しています。死は不安や恐怖ではない、肉体は地に還元されても、魂は永遠なる生命と意識している人たちは、宇宙神の光り輝く神界へと飛翔してゆくのです。これは絶対の真理です。多くの先達者が、意識した通りの輝かしい死を証明してくれています。

死ぬ瞬間でも真理がわかり、光り輝く神界に行きたいと心底意識するようになれば、今、意識した世界へと導かれてゆくのです。

真理においては、今を真剣に生きることこそが尊いのです。「今」をどう生きるかですべてが決まるのです。

過去の失敗、嫌な体験を思い出している時は、今を完全に生きているとは言えません。その人の意識は過去の意識を復元しつつ、未だなお、過去を生きているのです。

また、未だ今現在に何も現われてはいない未来の不安、死の恐怖に意識している人もまた、今現在を真剣に生ききってはいません。その人は今を飛び越えて未来に生きているのです。

このようにして、多くの人類の意識は今この瞬間、自分の足が大地をしっかりと踏みしめてはいないのです。常に大地から足が離れ、フワフワと宙を浮いているように、魂も、今この瞬間「現在」にいないのです。過去に飛び、未来に飛び、常に過去に未来にと揺れ動いて現在に留まってはいないのであります。

このようなことでは、自分の運命はもとより、国の運命も脆く儚いものと言えましょう。それでも日本人の意識は、次元上昇しつつあります。

日本国に意識の高い人々がたくさん存在しているということは、日本国にとって、日本の未来にとって、何と有り難く、頼もしく、かけがえのないことでしょうか。

祈れる人々の信念の強さ、崇高な意識に尊敬と敬意の念を表するのみであります。

注3　（無限なる発展！）…これは、日常生活の中で、否定的な想いや言葉（ばか、のろま、くたばれ、間抜け、出来ない、難しい、無理だ、不可能だ…）を心に抱いたり、口に出したりした時に、即座に、光明思想の言葉を唱えるか、または、世界平和の祈り（「世界人類が平和でありますように」の一節だけでも構いません）を祈ることによって、打ち消す行のことであり、文章中では、（無限なる○○！）等と表記します。これを続けることによって、自己の心の中に潜んでいる否定的な想いが消えてゆき、やがて、その奥にある神性が顕現されてゆきます。

（光明思想の言葉の例：無限なる愛、無限なるゆるし、無限なる調和、無限なる光、無限なる感謝、無限なる喜び……等、詳細は巻末参考資料136頁参照）

注4　神人…神人とは真理に目覚めた人（自分も人も本質は神であると自覚し、愛そのもの、

調和そのものの想念行為の出来る人、または、そうなるよう努めている人）であり、また、宇宙神の光を自らの身体に受け、地球上に放つことが出来る人です。本会では、一九九九年より「神人養成プロジェクト」が始まっています。神人養成プロジェクトについては巻末参考資料141頁参照。

注5　**我即神也**…我即神也とは、自分は本来、神そのものであるという真理です。我即神也の真理を現わした文章に「我即神也の宣言文」があります。宣言文は巻末参考資料137頁参照。

注6　**人類即神也**…人類即神也とは、人間は本来、神そのものであるという真理です。人類即神也の真理を現わした文章に「人類即神也の宣言文」があります。宣言文は巻末参考資料138頁参照。

想念エネルギーと真理の法則

平成20年6月法話より

感情想念を超える法

祈り、瞑想《めいそう》とは、本来、自らの意識を内なる神性、内なる無限なる叡智《えいち》、無限なる直観に直結させ、自らに内在せる神意識を呼び起こし、目覚めさせ、自らの人生に生ずる種々の迷いや疑い、不安や恐怖を払拭《ふっしょく》し、誤りなく真理の道、輝かしい人生を歩んでゆくための方法であります。

ですが、この祈り、瞑想を、言葉では簡単に述べることは出来ても、いざ祈るとなると、そう簡単にはゆかないのが常なのです。なぜなら心の中では雑念が走馬燈《そうまとう》のように次から次へと湧き起こり、なかなか留まることを知りません。またさらに次から次へと感情想念が湧き起こっては消えてゆきます。消えてはまた生じます。いつまで経っても心は静かになりません。消えても消えても、またなおも次から次へと繰り返し雑念が現われてきます。これでは自らの神意識を呼び覚ますのに時間がかかるばかりです。しかし、それでも祈らないよりは、瞑想しないよりは、遥かによいのですが……。

五井先生が唱えられた究極の真理「消えてゆく姿で世界平和の祈り」[注7]のように、自分の上に生ずるいかなる現象をも、すべては前生の因縁の消えてゆく姿であると見て、自分の人生の上にいかなる苦悩が起ころうとも、決して慌《あわ》てず、騒《さわ》がず、恐怖せず、すべてを受け入れられるようになれば、しめたものです。

今、自分の目の前に現われているマイナスと思える現象も、すべては自分の過去世の因縁が、今現われて消えてゆこうとする姿です。故に、現われてくるものは必ず消え去るものであるから、消え去るのであるという強い信念と、今からよくなるのであるという善念を起し、どんな困難のなかにあっても、自分を赦し人を赦し、自分を愛し人を愛す、愛と真《まこと》と赦しの言行をなしつづけてゆくとともに、守護霊、守護神への感謝の心をつねに想い、世界平和の祈りを祈りつづけてゆけば、個人も人類も真の救いを体得出来るものである。五井先生は、そうおっしゃっているのです。

私たちは、この五井先生のみ教えを真に実行に移しつづけることによって、自分を責めることなく、裁くことなく、批判することなく、自分自身を赦し高め上げることが出来、明るくポジティブな人生を自らの思考で創造し、つくり上げることが出来たのです。これは何にも増して五井先生の唱えられた「消えてゆく姿で世界平和の祈り」の究極の賜《たまもの》であります。

雑念のエネルギーをも究極の真理に取り込む

そして、さらに我々は少しずつ進化創造しつづけ、ついには「我即神也」「人類即神也」という究極の真理が降ろされたのです。これにより、神人の誕生に至ったのです。神人は自らの人生を、さらに前向きに、積極的に輝かせて生きるために、呼吸法[注8]の祈りや印[注9]を授かりました。この呼吸法の祈り、呼吸法の印とは、どんな効果を各自にもたらすのでしょうか。

これらは深い深い深ーい呼吸により、自分自身の心をある一点一方向に絞り込む方法です。ここで言う一点一方向とは、真理の法則である「我即神也」「人類即神也」「成就」そのもの、それのみであります。この一点一方向にのみ、自らの意識を釘づけにし、絞り込み、そのことのみに心を集中し、他のことは一切考えないよう、自らを導く方法なのです。意識して、〝他のことは一切考えない。考えることは「我即神也」「人類即神也」「成就」のことのみ〟と、強く集中することにより、不思議と雑念は生じなくなるのです。「我即神也」「人類即神也」「成就」に向けられた究極の真理の意識エネルギーは、留まることを知らず、身体中に眠ったままのエネルギーをも総動員させて、その一点一方向のみに集中してゆきます。かつまた、深い深い深ーい呼吸を通して、宇宙神そのものの無限なる生命エネルギーが自らの体内に取り入れられ、自らの肉体を構成している生命エネルギーと結びつき、一つになり、「成就」に向かってゆき、ついには思うことを現実化させてゆくのです。このように、呼吸法による祈りや印、瞑想は、放っておけば次第に雑念を生じさせるエネルギーをも取り込み、究極の真理との一体化に向け、働きを強めてゆくのです。

今生に呼吸法の祈りや印が降りたということは、実に筆舌に尽くせないほど偉大なことであり、奇跡に近いことなのです。我々は、神示により、ただただその神事を純粋に素直に実行してゆくうちに、崇高なる意識でこの究極の真理を降ろすに至りました。平和への意識、人類愛に対する強い意識の積み重ねこそが、それを現実化させたのです。我々、神人および神人予備群は、自然体のまま、あるがまま、為すがまま行なってきたのです。だが、今改めて我々が今生にて果たしてきたミッションの偉大さが、魂に迫ってきます。

いかなる理由があっても、マイナスの感情を容認してはならない

しかし、この一点一方向にのみ意識を集中させることは、人により時間差が生じます。我々の感情想念には、マイナス面においては怒り、悲しみ、悩み、苦しみ、憎しみ、不平不満、嫉妬、侮蔑《ぶべつ》、批判、迷い、疑い、絶望……などがあり、プラス面においては幸せ、歓喜、感謝、成功、繁栄、健康、幸福……などがあります。それらの感情想念は、放っておけば、朝から晩までプラスマイナスミックスされ、それこそ果てしなく湧き出てきます。禅僧《ぜんそう》や高僧、聖者や賢者と言われる人たちはみな、祈りや瞑想を通して、それらの

感情想念を自らの意志によって、断ち切ることが出来るのですが、一般の我々のような凡夫《ぼんぷ》（無限なる我即神也！）と言われる人たちは、そう簡単に断ち切ることは出来ないのです（無限なる能力！）。

本来ならば、神人である我々も、一般レベルの人々と同じような運命を辿らなければならなかったかもしれませんが、幸運にも我々は、五井先生との深い神縁により、「消えてゆく姿で世界平和の祈り」を知ることが出来、その祈りの方法を通して今日、究極の真理を自らの手で摑んだのです。要するに、世界平和の祈りを祈りつづけているうちに、自らの感情想念を知らないうちにコントロールすることが出来るようになったのであります。

多くの人々にとっては、常に自らの感情想念に自らをコントロールされているということ、それ自体が日常生活なのです。意識は感情想念の奴隷に成り下がってしまっています。そのため、毎日、常に不平不満、苦しみや悲しみ、悩みなどのマイナスの感情想念に支配されつづけ、その渦《うず》から脱け出ることが出来ないのです。その否定的感情想念の連続エネルギーこそが、自らの人生を創り上げてゆく原点そのものであるので、一生不幸で夢も希望も喜びもない生き方を、自らが自らに強いているのであります。

祈りのある人は、たとえ毎日マイナスの感情想念が起きたとしても、祈りによって少しでもプラスの方向へと変えてゆくことが出来るのです。だが、中には「怒るな、憎むな、悩むな、悲しむなと言われても、人間である以上、腹の立つこともあるし、腸《はらわた》が煮え返るほどの憎しみを抱くこともあるし、どん底に落ちるほど悩むこともある……」などと、マイナスの生き方を容認してしまっている人たちも大勢存在しています。そういう人たちは、成るものもなかなか成りません。絶対なる真実においては、いかなるマイナスの感情も、一片たりとも容認してはならないのです。その一片のマイナスの感情が、いかに自らの人生を狂わせているか、みな知らないのです。たった一つのマイナスの感情想念であってさえも、感情想念はエネルギーですから、次々とまた異なったマイナスの感情想念へと伝染し、膨らんでゆき、そのエネルギーは倍加され、乗数化《じょうすうか》され、ついには自分でコントロールできないほどの力となって、爆発してゆくのです。つまり「人間であるからには、マイナス想念は仕方がない。人間であるからには、マイナス想念は当然だ。人間であるからには、マイナス想念を出さないのは不可能だ……」などと言って、マイナス想念を肯定してゆく生き方を選択した人々には、未来や希望がないのは当然でありましょう。なぜならば、自らの日頃の想いこそがそれを自らに引きつけ、現実化させてゆくという、真理の法則に叶った生き方をしているからであります。

感情想念の現実化が想念エネルギーのミッション

人類一人一人にとって、いかに自分の心からマイナス感情想念を一掃《いっそう》してゆくかが、それぞれに与えられたミッションであり、人生です。そのために宗教が存在し、祈りがあり、瞑想があるのです。究極的には、自らの心の中にマイナスの感情想念が生じないように、自らに課してゆくことこそが神人たる証です。それほどマイナスの感情想念は、人類に災をもたらしてゆく大いなる元凶であることを、心して知らねばならないのです。戦争も、差別も、貧困も、病も、飢餓も、天変地異も……それらすべて、人類一人一人の感情想念によって、引き起こされていることをよくよく考えていただきたいのであります。

要するに、いかなる国に生まれようとも、そしていかなる人種、民族であろうとも、かつまた、いかなる宗教・宗派に属していようとも、人類はみな一人残らず、自分の人生に起きていること、生じていること、つくり出していることは、すべて自分自身が引き寄せているという事実です。自分が日頃、何を想い、何を煩《わずら》い、何を考え、何をイメージしているかによって、それが自分自身の人生に現実に引き寄せられてくるという真実そのものであります。

それらは、完璧に具象化されるのです。何度もしつこく繰り返しますが、自分自身が考えていること、想っていること、想像することは、それが何であれ、自分自身に引き寄せられて、現実化されるのです。

かつまた、自分自身が日頃想っていることを引きつけるエネルギーそのものは、自分自身の思考と同じだけ、常に働いているという事実です。それが何であれ、自分が考えている時、思っている時、そしてイメージしている時、同じ時間、いやそれ以上、一日の間ずーっと、内なる生命エネルギーは、自分が思っていることを現実に引き寄せ、限りなく具象化することに専念するのであります。

感情想念は、完全に意志の奴隷《どれい》です。奴隷だからこそ、意志の思うことを忠実に守り、四六時中働きつづけるのです。故に善いことのみ、輝かしきことのみ、幸せなことのみ、真理のことのみを想いつづけ、考えつづけ、意識しつづけていれば、自分の人生に引きつけられてくるものは、善なることのみ、幸せになることのみ……が具象化されるのです。

また同様に、過去、現在、今の瞬間、そして未来のことを考え、思っている時も、全く同じであります。ご主人様の意志を限りなく具象化しようと、各人のエネルギーは、常にそれこそ二十四時間中、絶え間なく働きつづけなのです。一刻も留まることを知らないのです。自分の思考が四六時中、絶え間なく活動しているのと同じように、一瞬も休まず現象化することに向けて、それこそ一生懸命永遠に働きつづけるのが感情想念エネルギーの性質なのです。

故に、現実化は常に起きています。常に働いています。自分がふと過去の出来事や嫌な体験、苦しい状況、困難な立場などを思い出すたびに、それを現実化させようとします。また、すでに消え去ったはずの出来事や体験も、新しい情報と重なり、新たな形で現実化させ、具象化させようと働きはじめるのであります。

自分の内なる創造力は、それが仮に何であれ、善であれ、悪であれ、迷いであれ、疑いであれ、信であれ、不信であれ、自分の想念を現実化するために片時も働きを止めることなく働き、その創造は確実に起こっているのです。だからこそ、自らの未来に向かって、因縁因果律[注10]を果因説に切りかえてゆくことが必須条件となるのであります。

自分は何にエネルギーを注いでいるか？

自分が今、考えていることが、自分の未来を創り出してゆきます。それが人生です。人はすべて一人残らず、誰一人の例外もなく、自分の人生を自分の思考感情でつくり上げているという事実。そこには不平等も不条理も差異もありません。

そして人間とは、一瞬たりとも思考を止めることなく、常に思考しつづけている動物であると言えるのです。ということは、常に創造しつづけているということでもあります。特に、意識的であれ、無意識的であれ、自分が一番把われていること、執着していること、不安に感じていること、恐怖を抱きつづけていることについて思いつづけています。自分が今、一番頭から離れないこと、その一点一方向に向けて集中し、そしてそれは必ず自分の人生に実現してゆくのです。

であるからこそ、自分の人生を振り返ってみると、自分が一番なって欲しくない状況や、不安や悩み、心配ごとが、逆に人生の上に生じていることに気づかされるのです。それはとりもなおさず、いかに自分の思考エネルギーがそのことに把われ、その一点一方向に集中していたかの証であります。

従って、今、自分の人生を振り返ってみて、自分が今日まで歩んできた過去に思いをはせた時、少しの幸せな時も、喜びの時も、平安な時も、満たされた時も、感謝の時も見出せないという人は、それだけ自分の思考や感情が、善きことのみの一点一方向に集中できていなかったことになります。それだけマイナスの方向にエネルギーが向けられ、集中していたことになります。結果、そのような現実が創造されていったのです。

逆に、自分の思考や感情のエネルギーが、「我即神也」「人類即神也」「成就」の一点一方向に向けられ、集中した時、それは完璧に一〇〇パーセント現実化されてきます。故に、世界人類一人一人すべてが、一人残らず自分の人生を創造していると言えるのです。いかなる人も一人の例外もなく、自分が日頃何を考え、何を思い、何を煩い、何を想像し、何に意識を向けているかによって、人それぞれの人生が編み出されてくるのです。

結論としては、自分の人生を完全に輝かしく、平安に満たされた、感謝の念一杯で幸せなものにするためには、決して一瞬たりとも、一時たりとも、一片たりともマイナスの思考感情想念を抱いては駄目なのです。その真実を心から知るべきであります。

だが、仮に抱いたとしても、必ず消えてゆく姿で世界平和の祈りに入れ込むか、「我即神也」の真理に思考を切りかえれば、すべては全く消え去るので、現実化はしません。真理の法則は絶対です。絶対であるからこそ、その通りの結果が自分の人生に顕現されてくるのです。イエスの言われた通り、「自らが蒔いた種は自らが刈りとる」のです。全くその通りであります。そして、自分の蒔いた種こそが、自分の未来を創り出してゆく因なのです。

故に、自分の人生に起こってほしくないこと、生じてほしくないこと、避けたいことに対しては、限りなく自分の思考感情想念を、そのマイナスの一点一方向に集中させるのを止めることです。また、病気に関する恐れや、死に対する恐怖、事故や事件、そして自然災害などに巻き込まれそうな不安や要因など……そうしたマイナスの思考感情に把われないよう、極力、自己コントロールが出来るよう、努力することが大切です。それこそ、「消えてゆく姿で世界平和の祈り」の中に、それらマイナスの不安、恐怖の念を投げ込み、自らの心から放つことが大切なのです。そして、「我即神也・成就・人類即神也」という究極の真理の呼吸法をしつづけることです。

　神人たる者は、言うまでもなく、すでに過ぎ去りし過去一切の想念から想いを解き放ち、未来に向けて、ただ一点一方向「我即神也」「人類即神也」「成就」のみに意識を集中させ、生きるべきです。

　人間というもの、自分の心を放っておけば、限りなく日々瞬々、ダラダラと下らないことに思いをはせています。次から次へと止むことなく、途切れることなく、現われては消えてゆくつけっ放しのテレビのようなものです。そのような無駄な時間、無駄なエネルギー、無駄な働きを止めるべきなのです。そして生命のある限り、自らの生命エネルギーをプラスの方向、ただそれ一点のみに集中させて生き切るのです。それが出来る人こそが、聖人、賢人、神人と称される人たちであります。

生かされている事実を忘れた人類

宇宙の法則は、厳然たるものです。それがたとえいかに不可能と思える出来事や状況や環境であろうとも、自分が不可能と思わなければ、不可能ではなく完璧に可能なのであります。不可能という思いの一点一方向に意識が集中するからこそ、不可能になるのです。

思えば、人間は自らの全生命に対する感謝を忘れて生きてしまっています。余りにも傲慢《ごうまん》になりすぎて生きてしまっています。生きていることに対し、当然のことのように考えているのです。それはとんでもない誤りであります。

人類は決して一人では生きてはいかれません。生きとし生けるものすべての生命の犠牲によって、我々は食物の糧をとり、初めて生きてゆかれるのであります。そして、特に重要なことは、神によって生かされているのであるということです。その恩恵を忘れ果て、自分だけで生きていると勘違いをしてしまっているのです。そして、そのように傲慢になっている人類が、逆に自分自身を全く信じられないのであります。自分の生命の尊厳、崇高さ、尊さを信じられないのです。何をしても出来ない、不可能、無理と思い込んでしまっています。自らの固定観念で自らを縛りつけ、そのあげくに、その枠から脱け出せずに苦悩しつづけて、自分には「自由がない」などと叫んでいるのです。そのような愚かさに、一刻も早く気づくべきです。

自分に確固たる自信がないからこそ、人の目を恐れ、人にどう思われるかが悩みの種となるのです。そして、自分に信念がないから、常に迷い、疑い、自信がないのです。こういった生き方を人類は繰り返し、果てしなく繰り返しています。このような信念こそが、今の自分の人生を創造しつづけてきたのです。自信のない自分。信念のない自分。固定観念に縛られている自分。そして自由がない、希望がない、輝かしい未来がないと思い込んでいる自分。そういう思いを常に発信しつづけているから、そういう人生が自分に引きつけられてくるのです。悪循環の最たるものであります。

人類はみな、同じことを繰り返して生きているのです。たとえそれが無意識であれ、意識的であれ、常にマイナスのことを思えば、それがマイナスの現象を引きつけるのです。全人類的にそれを繰り返しているのです。この人類の悪連鎖《あくれんさ》の輪の想念を断ち切らなければ、世界と個人の平和も幸せもないのであります。

すべては個々人の意識の持ち方次第で、人生は変わるのです。世界も変わるのです。人類一人一人が最も強く思っていることが、自分に対する不安や不信であるならば、人類の未来は不安や不信から脱することは出来ません。そこに神人の存在理由があるのです。

神人の存在と真理の法則

神人が常日頃、強く思うことは、思いつづけることは、そして思うよりも限りなく努力しつづけていることは、「我即神也」「人類即神也」「成就」そのものであります。それしかないため、たとえ人類のすべてがマイナスの思考想念を繰り返し想いつづけていたとしてさえも、神人がこの世に存在する限り、マイナスの状況をプラスに光に希望に変換しつづけているのです。

それがいよいよ神人十万人に達するほどの発展を遂げるという神示が天降りました。

我々が日頃、自らの意識を一点一方向に集中させていることは、究極の真理である「我即神也」「人類即神也」「成就」そのものであります。

我々は、宇宙の法則に最も自然に叶った生き方をしているのです。この一点一方向のみに自らの意識が集中している限り、自らの人生は、どんどん限りなく輝きを放ってきます。そして欠けたるものがなくなり、余りあるものもなく、完璧に大調和した輝かしい人生が展開されるのです。もちろん、神がするのではなく、宗教家や聖者や権力者がしてくれるものでもありません。

自らの日頃の意識がそのように導いてゆくのであります。

それにしても、崇高な真理の道に出会えたことも、自分の過去の意識が心から希望し、それに集中し、自らが自らを導いた結果なのです。真理の法則を知り、その真理の法則に則《のっと》って生きることは、何と幸せなことでしょうか。今、自分が今生に生きていること自体がすごいことなのです。

このように、自分の日頃の想念が、自分の人生にもたらされてくるということは、今現在、あなたが置かれている立場、環境、人間関係、仕事、健康、富、幸せ、平安、豊かさ、至福、歓喜、繁栄……等々、すべては神人たるあなたが、それらをプラスに思いつづけ、それを引きつけたのです。

注7　消えてゆく姿で世界平和の祈り…消えてゆく姿とは、怒り、憎しみ、嫉妬、不安、恐怖、悲しみなどの感情想念が出てきた時に、それらは新たに生じたのではなく、自分の中にあった悪因縁の感情が、消えてゆくために現われてきたと観ることです。その際、世界平和の祈りを祈り、その祈りの持つ大光明の中で消し去る行のことを

「消えてゆく姿で世界平和の祈り」といい、この行を続けると、潜在意識が浄化されてゆきます。

注8　呼吸法の祈り…ここで言う呼吸法の祈りとは、二〇〇三年一月、白光真宏会会長・西園寺昌美が提唱した「呼吸法を伴った我即神也・成就・人類即神也の唱名（略して、呼吸法による唱名）」をさします。行ない方は、まず息を深く吸いながら、心の中で「我即神也」と唱えます。次に、数秒息を止め、心の中で「成就（じょうじゅ）」と宣言します。その後、息を吐きながら、心の中で「人類即神也」と唱えます。この時の「成就」には、世界平和の成就、地球上の生きとし生けるものの大調和の成就、個人の願望（健康、繁栄、調和、成功、幸せ）の成就という意味が含まれているので、「成就」と宣言するだけでよいのですが、その時々に「絶対大丈夫」「必ずよくなる」「無限なる〇〇」などの光明思想の言葉を併せて念じてもよろしいです。

呼吸法による唱名は、いつでも、どこでも、自由に行なうことが出来ます。この呼吸法による唱名を繰り返すうちに心が安定します。自分の目の前に何事が起ころうと、少しも不安動揺しない、すべてを在るがままに受け容れられる心境になります。

注9　印…印には、さまざまな種類があります。白光真宏会会長・西園寺昌美が提唱した自己の神性を顕現させる「我即神也の印」と、人類に真理の目覚めを促す「人類即神也の印」は、国内外に広まり、多くの人々によって組まれています。この二つの印は、宇宙エネルギーを肉体に取り込むための、発声を伴った動作です。印の組み方は、白光真宏会のホームページ（http://www.byakko.or.jp/4_method/in.html）で

ご覧いただけます。
＊我即神也の印とは、自分を神にまで高める方法です。この印を組むことによって、宇宙根源のエネルギーを受け取ることが出来、自己変革が起こります。そして、自分が神であったことを思い出し、自分と人類と、大自然を含めたすべての存在が一つにつながっていることが実感できるようになります。
＊人類即神也の印とは、人類に真理（我即神也）の目覚めを促すために組む印です。この印を組むことによって、宇宙の根源のエネルギーが地球上に放射され、人類は真理に目覚めはじめます。

注10　因縁因果律と果因説…自分の蒔いた種（前生の因縁や今生の自分の言動行為）は必ず自分が刈り取らねばならないという因果応報の法則を因縁因果律といいます。この因縁因果律を超える方法として、白光真宏会会長・西園寺昌美は果因説を提唱しています。果因説とは、自分が望む（結）果を心に描き、心に刻むことによって、現象界にその（原）因が引き寄せられ、やがて自分が望む（結）果がもたらされるという説です。

祈りが創り上げるフィールド

平成20年8月法話より

創造的なフィールドを形成する

——私の不思議かつ祈りの体験から得たレッスン

二十世紀においては、宗教家や精神指導者ではなく科学者が意識の重要性を訴えるということはほとんど考えられませんでした。それぱかりか、意識と物質はある時点まで完璧に切り離されていました。

ですが、二十一世紀になって、科学者の間でも意識の問題が多く取り上げられるようになってきたのです。これは地球に新しい文明が築き上げられる徴候であり、新しい世界を築き上げるためには、意識、想い、言葉についての正しい理解が不可欠なのです。

そして近年は、科学者から私の霊的体験や祈りの経験について講演を求められる機会が多くなってきました。

私にとって、神秘的な祈りを通して得た経験を説明することはたやすいことではありません。何故なら、そのような体験はごく当たり前の日常の一部であるからです。物理的な世界に住み、日々皆様と接する中で、私はどんな時でも皆様一人一人の霊性を明確に感じています。また、植物、動物をはじめ生きとし生けるものの声が自然と聞こえてきて、彼らの喜びや悲しみをもわがことのように鮮明に感じ取っています。私の意識は常に、「今この瞬間」にあるので、過去に体験したことを思い出すことはめったにありませんし、覚えてもいません。私は自分の人生における「今」という時を生かすことが一番大切だと思っているのです。

創造の場

人には体型、服装、姿勢、しぐさ、お顔の表情など、誰にでも判る特徴がありきます。そうした目に見える特徴の他に、私にはその方の発散する創造的なエネルギーの場も見えます。

人が刻一刻と発する想い、言葉、感情は途切れることなく身体から流れ出し、さまざまな色や形状の創造の場を形成しています。その人を包むぼんやりした、もやのような場もあれば、頑丈なひものように執拗なまでにその人にまとわりつく場もあります。

幸せや愛情などの感情は光り輝いて見え、後光のようなきらめきでその人を包み込みます。その一方で、心配、恐れ、敵意などの感情は煙のような色で、その人を窒息させるかのようにべったりとくっつきます。

想いや感情はそれぞれ固有の創造エネルギーを持っており、似通った周波数を持つ想いは結合してそれを発した人の周りに均一な創造の場を形成します。特定の創造の場に集積されたエネルギーが臨界点に達すると、それらは外的環境を引き金に、目に見える形で現われます。人生における出来事やハプニングなどの状況として現われることもあれば、人との出会いという形で現われることもあります。また、たまたま聞こえてくる、目に飛び込んでくる、または頭の中に浮かぶ言葉となって現われることもあります。一旦現われれば、創造の場のエネルギーは具現した分だけ消耗します。

いろいろな創造の場

こうした創造の場は、人間の想いと感情の数だけ存在しています。思慮深さ、楽観性、優しさ、尊厳、純粋さ、清潔さ、善意、誠意などのプラスの資質を表わす創造の場をはじめ、幸福、熱意、友情、勇気、感嘆、感謝、信頼、生命や自然に対する畏敬、人道愛などの創造の場があります。また、賞賛、激励、受容、寛容、赦しなどの行動が造る創造の場もあります。ひらめき、癒し、充足、改善、達成などの現象や、平和、調和、真実、神聖、潤沢、至福などの条件の創造の場もあります。

一方、悲観、挫折感、不安、自責、自己憐憫、自己不信、自己嫌悪、罪悪感、自己正当化、復讐、渇望などの場もあります。差別、自殺、事故、戦争、災害などの現象の場もあれば、罪と罰、敗北、失敗、病、貧困に対する思い込みなどの固定観念が生み出す創造の場もあります。

このような単語を目にするだけで、その中に含まれる感情のエネルギーを感じることが出来ます。言葉そのものにもエネルギーが凝縮されており、言葉は強力な創造の手段となるのです。

創造の場の成り立ち

人格や健康状態、周囲との人間関係など……私たちを取り巻く環境は、たくさんの創造の場によって作り上げられています。では、こうした創造の場はどのように作られるのでしょうか。

そもそも私たちの創造エネルギーは、一体どこから来るのでしょうか。

純粋なエネルギーは常に宇宙の源から放射されており、無限の可能性に満ち溢れています。このエネルギーが大小さまざまな生きとし生けるものを生かしています。人は皆、この同じ宇宙エネルギーを常に受け取りつづけているのであり、言葉、想い、感情を通してそのエネルギーを形にしつづけているのです。これがまさにこの世における創造の過程であります。

どんなものであれ、言葉や想いのエネルギーは創造の場を生み出す可能性を秘めています。けれど、同じタイプの想いがまとまらない限り、創造の場は作られません。一つの想いだけではダメで、同じような想いが加勢しない限り、急速に勢いを失ってしまいます。

同じような言葉や想いが何回も放たれると、それらのエネルギーが結合し、創造の場の骨格が作られます。この骨格が出来上がってしまえば、新しいエネルギーは簡単に追加することが出来ます。エネルギーの量が増えるにつれ、結束した創造の場として強化されていきます。この創造の場が成長すればするほど、その人の意志、決定、行動に強い影響を与えるようになります。

創造の場の集合体

創造の場の活動は、似通った創造の場を作る他の人たちによってさらに活性化されます。これは、同じ波長の創造の場が合体し、大規模な集合体を形成するからです。このような創造の場の集合体は広範囲に及ぶこともあります。規模が大きければ大きいほど、さまざまな場所にいる人たちが発する想いに、より強く反応します。

例えば、ぼんやりと自殺したいと思っている人がいるとします。その人は本当に死にたいなどと思っていなくても、彼の想いが自殺の創造の場の大規模な集合体を引きつけてしまうのです。その波動が体内に入り、想いや行動に深く影響してしまいます。途中でプラスの力が介入するか、彼が意図的にこうしたマイナスの波動を跳ね返さない限り、最後には自殺をすることになってしまうかもしれないのです。

一方のプラスの想いのシナリオは、とても明るいものが描けます。ここである女性の実体験談をお話しましょう。

その女性は、長いこと自分に自信が持てませんでした。ささいなことにも、「私って身勝手……」、「私の魂は汚れている……」、「私ってとるにたらない存在……」、「私は感謝されない……」、「私は誰からも愛されない……」などと自分を卑下していました。

そのような言葉が頭をよぎるたびに、大規模な創造の場の集合体から同様のエネルギーを引き寄せてしまい、ますます自己卑下のエネルギーに溺れてしまい、その結果、彼女は激しい哀しみに陥り、気持ちが落ち込む毎日になってしまっていたのです。

こうした状態の時、私が提唱した果因説の理論を学ぶことにより、その女性は、想念がどんなに自分を傷つけてきたかを理解しました。そしてプラスの言葉を使って新しい生き方をしよう、と固く心に決め、「清まった」、「光り輝く」という好きな言葉を二つ選び、この二つの言葉と自分の名前を組み合わせて次の韻文を創作しました。

清まった○○、光り輝く○○。
清まった○○、光り輝く○○。
清まった○○、光り輝く○○。

どのように感謝を捧げたらよいのでしょう。世界人類が平和でありますように。人類を代表して、○○という清まった存在に、宇宙の愛に感謝します。

彼女は、詩や音楽のようにその言葉を繰り返しました。気持ちがささくれ立った時には、深く息を吸い込み、息を止め、その言葉を心の中で唱えることにしました。後には、時々の気分に合わせて言葉を替えたり、周りの人たちについての想念をプラス思考にするため、その人々の名前をいれた韻文を創作したりしました。

自己と他者の存在価値を認めることは、偉大な宇宙の意志に適うことです。そのため、こうしたプラスの言葉は輝かしいプラスのエネルギーを宇宙のあらゆる所から引き寄せることになります。また、宇宙神に対する感謝であり、人道に沿う「世界人類が平和でありますように」という言葉を添えることにより、彼女は気持ちを高揚させるような愛に満ち溢れた高次元の宇宙エネルギーを取り込むことが出来たのです。このことにより、彼女自身に幸せがもたらされただけでなく、この地球上に、無限の宇宙愛につながる広大な創造の場を形成する一役を担うことも出来たのです。

創造の過程を管理する

思考や言葉、とりわけ言葉の生み出す創造の力については多くが著され、語られてきましたが、果たしてどれだけの人がこの力を本当に理解しているでしょうか？　ごく少数だと思わずにはいられません。もし理解しているのであれば、どうしてあんなに軽率に否定的な言葉を使いつづけることが出来るのでしょうか。まるで子どもが火あそびをするかのように、人はその影響に無頓着なまま、否定的な言葉を吐き出します。私たちが発する一つ一つの言葉のエネルギーは一度声に出してしまうと、周りに形成される創造の場に瞬時に行き着き、その活動を盛んにします。これらの創造の場は私たちを取り巻く状況を左右するだけではなく、貧しさや豊かさ、尊敬や差別、環境破壊や再生、戦争や平和などの世界状勢をも左右することをはっきりと申し上げたいと思います。

どうしたらこの創造の過程を管理できるのでしょう。気づかないうちに作ってしまった調和の取れない場はどうしたら解消できるのでしょうか。まず、どんな種類の場をその時々に作り出しているかを理解するため、自分自身の想いや言葉を絶えず意識することが必要だと思います。次に、否定的な言葉が脳裏をよぎったなら、すぐにそれを打ち消してプラスの言葉に置き換えることを習慣づける。それと同時に、破壊的な思い込みを建設的な思いに換えることで、そうした思い込みをなくす決意をすることをお勧めします。

これを実行するにあたり、良きにつけ悪しきにつけエネルギーは私たちの思う方向に流れていくということをはっきり認識しなくてはなりません。もし私たちには平和で幸福な世界を築く潜在的な力があると信じれば、エネルギーは先駆けてその状況を実現するための創造の場を作る用意をしてくれます。場にエネルギーが満たされれば、ますます力がみなぎります。創られた場の力はどんどん強くなり、やがてみんなで思い描いた平和な世界に私たちを引き寄せてくれます。その段階までこぎつければ、私たちはがむしゃらに努力しなくとも、世界平和を実現する場に密接につながり、その場に融け込むことが出来るのです。

まず小さな目標を描くことが効果的かもしれません。すでにそうしている方も多いことでしょう。しかし、私たちの生活や世界に大きな変化をもたらすためには、心の中に遠大なビジョンを掲げ、意識的にエネルギーを注いでいく必要があります。

破壊の場の力を削ぐ

プラスの言葉を口にすることにより、破壊的な場の活動を停止させようとしている人は増えています。前述の女性のように、自分らしい言葉を選び、思い起こせばよいのです。変化する状況に合わせて、言葉を替えてもよいし、その言葉は祈りや詩でもよいのです。大切なことは自分にとって意味があり、地球や人類の幸福になんらかの形で貢献する誓いの言葉を選ぶことです。いろいろ試してみて、皆さんの目標やビジョン、性格にあう言葉を選んでくだされぱよいのです。

では、実際にどのような方法でプラスの言葉を唱えればいいのでしょうか。たとえば、「すべてのことは必ずよくなる！」とプラスの言葉を選んだとします。思いついた時にこの句を何度も何度も繰り返し声に出します。さもなければ、深く息を吸い込み、息を止めたまま、心の中で何度も繰り返します。この行為を繰り返すことにより、気持ちの持ち方が変わり、状況が好転したことを多くの方が実感しています。

「本当に有り難い！」というのも前向きな肯定につながります。このような言葉を意識の中に侵み込ませることで、地球、家族、友人そして万物に対する感謝の心が自然に湧き出てくるのを実感した人も多くおられます。感謝の言葉を意識的に口にすることで、感謝の場が自然に形成されるのです。その場は他の創造の場と融合し、多くの人が感謝の心を持つことが出来るようになります。感謝の精神が地球を包む時、自然は息を吹き返し、私たちを含む生きとし生けるものは調和して生きることが出来るようになります。

感謝の気持ちを実践して、世界平和のために一生懸命に祈っておられる方を拝見すると、その体から、はっきりと白い光が出ているのが見えます。この光は戦争や環境破壊、そのほかの悲劇につながる破壊の場を包み込み、その活動を和らげ、広がりを抑えます。

神秘的な体験

ここで皆様に、私の神秘的な体験についてお話ししたいと思います。十九歳の時でしたが、父と訪れた沖縄で倒れてしまったのです。第二次大戦の終盤、多くの沖縄の少女が自らの命を絶った場所で、突如私は意識を失ってしまいました。

その後、たびたび失神が続き、病院で脳腫瘍と診断されました。その時の医療技術は、現在のように発展しておらず未熟でした。その後の一年は毎日ひきつけを起こし、食べ物をもどしてしまう生活が続きました。やせ細り、視力は衰え、次に聴力が衰えました。

病に倒れたその日から毎日、五井先生が見舞いに来てくださいました。五井先生には、私が世界平和のための祈りの運動にたずさわる以前の十五歳ぐらいの時にお目にかかっておりました。五井先生は病に倒れた私とともに毎日祈ってくださり、浄めのエネルギーで癒してくださいました。

五井先生はよく守護霊様、守護神様のことについて話をしてくださいました。守護霊様、守護神様は、常に私たち人類一人一人の背後に必ずついていらっしゃり、私たちの運命を見守り導いていてくださっておられるのです。限りなく誤りなき方向へ、善き運命へと。初めの頃、心霊や霊的なものにまつわる話を好まなかった私は、素直に聞くことが出来ませんでしたが、病気になってからは心境が変わり、守護霊、守護神に祈ることが出来るようになりました。

病の間、私には顔や目や鼻やからだの一部が欠けている気味の悪い人間の姿が見えていました。しかし、五井先生の励ましのお蔭で、恐怖に打ち勝ち、その怪人たちから逃げまどうこともなくなりました。私は祈りを欠かしませんでした。そして怪人たちが安心できるように「大丈夫。神様はあなた方を愛してくださっています。神様はあなた方を見守ってくださっていますから、何の心配もいりません。神様に感謝して、世界人類が平和でありますように、と心の中で唱えてください」と言えるようになりました。

やがてこうした現象は減り、そのうち自然に消えていました。聴力も視力も次第に戻ってきました。と言っても、体はそれからもずっと弱く、ひきつけも治りませんでした。家族にとって重荷だろうと感じ、何度も死ぬことを考えました。

太陽を見つめた時……

怖くなったり、不安になると、私はお祈りをすることにしています。ある日、集中して祈っていた時でした。ふと、ベッドから高いところにある窓を見上げました。正午頃だったでしょうか。視力がよくなっていたので、輝く太陽が見えました。「太陽が輝いている！　なんて美しくて暖かいのだろう。冷たいものを溶かし、体を温めてくれる。太陽さん有難う！　有難う！」と思ったことを憶えています。

こんなことを考えていた時、太陽が近づいてきました。どんどん大きくなって、空からすとんと落ちてくるのではないかとさえ思えました。太陽が私の目前に迫って、体に溶け込んできました。

ちょうどその時です、守護神の光が見えました。暖かい、愛情のこもった光で、人の形はしていませんでしたが、すぐに守護神だとわかりました。言葉を介さず、一秒ほどの瞬間的なひらめきで私に話しかけてきました。「今、あなたに見えているように、いつもそばにいますよ。私があなたの守護神です。皆さん一人一人に、いつも後ろで輝きながら導き護ってくれる守護霊、守護神がついているのですよ。あなたはずいぶん苦しみましたね。でもあなたには、現世に留まって、皆さんに守護霊、守護神が存在することを伝えるという大切な使命を果たしていただかなければなりません。ご自分の目で私を見ることが出来たのですから、守護神が確かに存在することが分かりましたね。そのことを、自信を持って伝えられるはずですね。ほかに何をしなくてもいいのです。皆さんに守護霊と守護神のことを伝えてください」というようなことを言われました。

このような意味のひらめきを守護神から受けとった私は、神々の愛にふんわりと包まれているのを感じました。本当に癒され、心が安らかになりました。その瞬間、私は肉体の中にいないことに気づきました。高いところから自分の体を見下ろしている気がしたのです。エネルギーが指やつま先から流れ出ているのが見えました。あら、体から気が出ていっているわ。なんて不思議なのでしょう。これが死ぬということなのかしら、と思ったのでした。

その時、守護霊、守護神に言われたことを思い出し、ベッドに横たわる身体に瞬時に戻りました。

素晴らしい宇宙エネルギーの流入

この臨死体験の後、宇宙が無限であることが深く理解できるようになりました。宇宙の源に、無限の可能性の広がりである生命の源が実在することがハッキリと判るようになりました。宇宙の根原から流れてくる生命エネルギーが、途切れることなく私たち一人一人に注がれ、そのエネルギーによって私たちは生かされているのです。

「ビッグバン」の後、宇宙の源は鉱物、植物、動物、人間などのさまざまな生命を送り出しました。人間には、創造の場を作るための自由と創造力を与えられました。意図する、しないに拘らず、私たちは常に自らの言葉、思考、感情想念を通して創造しています。人間にとって生きるということは創造することなのです。

人間たちが混乱状態に陥り、不調和な状況をつくり始めると、宇宙の源は、愛する人間を導くため、神聖な生命のエネルギーを放出しました。それは守護天使、あるいは守護の神霊と呼ばれています。臨死体験をしてから、このように常に自分を護ってくれる守護霊、守護神の存在を常に意識するようになりました。

今こうしている間も宇宙の源は、一人一人にエネルギーを送りつづけています。人によってエネルギーの種類を変えることなくすべての人に同じエネルギーを送っているのです。しかし、エネルギーの使い方は人によって異なります。そのエネルギーの使い方によって私たちの未来や世界の将来が決定されるのです。

いつでも、人は宇宙の源から新しいエネルギーを受け取ることが出来ます。でも、この本来のエネルギーを受けるには、想いをそこにつなげなければなりません。純粋に祈ったり、「本当に有り難い」「すべては必ずよくなる」「世界人類が平和でありますように」というような平和を愛する想いを持つことで、こうした宇宙エネルギーとつながることが出来るのです。

明るく前向きな性質を持つ創造の場は調和のとれた宇宙の意志とつながります。ですから世界にどれだけ多くの破壊の場が渦巻いていたとしても、がっかりすることはありません。私たちがエネルギーを地球やすべてのものに役立つプラスの目的に使う時、素晴らしい宇宙のエネルギーが流れ入ってきて、私たちはそれによって守られるのです。その時、世界平和創造の場は確実に広がり、成長します。このプロセスはすでに始まっています。

私の祈りの体験

私が祈りに入る時は、本質的な宇宙の振動と一つになることに集中します。呼吸は深く、ゆるやかに、そして霊的になります。体の細胞もより霊的になります。私と宇宙、私と他者の間を隔てる境界がなくなり、私の細胞が周囲の空間に広がっていくのを感じることが出来ます。意識の上では自分が西園寺昌美だとわかっているのですが、私の存在そのものの境界線がなくなるのです。私は時空間を越えて、宇宙、地球、生きとし生けるものと一つになるのです。

私たちは皆つながっているのですから、お互いの心や気持ちを解りあえます。過去に起きたことを理解し、将来をどのように導くべきかが見えてきます。ひとたびこの一体感を味わいますと、がんばったり、耐えたり、努力したり、先生に習ったりする必要はなくなります。一体感に身をまかせ、つながりをつくるだけでよいのです。

このようなつながりを築くまでは、常に想いを無限の可能性の源である生命の本源に向けなければなりません。途中であきらめてはなりません。ゴールが遠いように感じたとしても、一歩前に踏み出さなければなりません。決して退かないで、一歩前進あるのみです。

人と人を隔てる境界線は実在しないことを常に肝に銘じておかなければなりません。境界線がないことがわかれば、自分の話すこと、考えること、為すことが他者への影響として瞬時に伝わることが理解でき、自ずから責任を感じるようになります。他者に良い影響を及ぼさなければならないことに気づくのです。

ですから、意識を努めて明るく保ち、宇宙の根源に近づける必要があります。その明るさはたちまち他者にも影響し、プラスの方向に向かって人々をかり立てます。

調和の乱れた創造の場にエネルギーを注ぎたくないのであれば、言葉、想い、行動をよく観察して、プラス指向にしていくことが大事です。そうすれば調和を乱す場は、ゆくゆくは消えて明るいものだけが残ります。

富士聖地――神秘的な創造の場

さまざまな聖者や賢者が述べているように、地球誕生の「ビッグバン」以降に起きたすべての出来事についての情報を留める「アカシック・フィールド（場）」は、確かに存在します。銀河の誕生から単細胞生物の誕生に至るまで、すべての情報が留められ、人類が存在してから生まれた想い、言葉、そして行為の記憶があますことなく留まっています。アカシック・フィールドに留まっている記憶には、見える世界に現われたものも見えない世界で起こったものもあります。

このアカシック・レコードは宇宙の発展に必要不可欠です。なぜなら、あらゆる活動や出来事を記録する場がなければ、宇宙神は「今この瞬間」に意識を向かわせるのみで、過去の経験をもとに再考することが出来ないからです。そして私たちがいつも考えていること、口に出していること、それらのすべてのものはアカシック・レコードのメモリーバンクに瞬時に納められています。

将来必要があれば、アカシック・レコードに記されている記憶に一人一人がアクセスできるようになるでしょう。そこには栄華を極めて廃れていった文明の物語が刻まれています。それらの文明はなぜ壊滅したのでしょう。その原因はいろいろありますが、人類が宇宙の法則、真理の法則を侵し、その飽くなき欲望によって神域を汚してしまった場合、必ず崩壊していることは間違いありません。そして現在も、人類の飽くなき欲望、有限なる物質を奪い合う意識によって、世界は崩壊の方向へと向かう可能性を秘めているのです。

しかしながら、地球上の一万〜二万人の目覚めた神人たちが、人々がプラスの方向に転換できるように道を開いてくれていることも、アカシック・レコードにははっきりと記されています。

一九八〇年五月から毎年、自然界に愛と感謝の波を送るために、平和を愛する何千人もの人々が富士聖地（静岡県・朝霧高原にある祈りの場）に集い、心から地球、海、山、鉱物、植物、動物、太陽、空気、天気、食べ物、水、そして体の細胞に対する感謝の言葉を、声を合わせて唱えています。みんなでプラスの言葉を大合唱しつづけた結果、自然を癒す強力で新しい創造の場が形成されつづけています。その結果、破壊的な場は大幅に縮小され、人間と自然が調和するための突破口が開かれています。以来、この時合唱をした人や同じ思いを持つ人々が個人やグループで集い、プラスの言葉を唱えつづけています。

皆の力で富士聖地は神秘的な宇宙エネルギーが満ち溢れる生命の創造の場

になり、年々その次元は上昇しているのです。

一人一人の責任

一人一人が霊と肉体のエネルギーを駆使してプラスの創造の場を創る責任があります。宇宙の神秘的なエネルギーと結合し、未来からそのエネルギーを引きよせる責任が各人にあるのです。

過去から何かを学べることも事実ですが、地球、世界が良い方向へ進むようにするためには、人類一人一人は自らの言葉、想念、行為に責任を持たねばなりません。地球、世界を平和にするためには、一人一人の生き方が大事なのです。無限なる可能性や無限なる能力に意識を向ける、そのプラス思考の努力の積み重ねあるのみです。決してあきらめてはなりません。

アカシック・フィールドは、皆があっと驚く明るい情報が記録されるのを待っています。それを創るのは私たちなのです。

生きがい

西園寺　昌美

人は誰でも人生の中で
一度か二度は
「私には、生きる価値があるのだろうか
一体何のために生きなければならないのであろうか」
といった自問自答を繰り返すであろう

毎日無駄に過ごしてしまっている自分に対する不甲斐なさ
無意味な生き方に嫌気を感じて責める自分
自分の存在そのものは何のために、そして
誰に必要とされているのか
果てしない虚無感《きょむかん》と倦怠感《けんたいかん》が自分を襲う
将来に何の夢も希望も持てない自分に孤独と淋しさがまとわりつく
現代人が抱えている問題である

だがその一方で　今この瞬間
たとえ耐えがたい苦しみや悲しみを抱えていようとも
そんな状況に四六時中把われることなく
積極的な生きがいと使命感を持ち
世のため人のために生きている人々が

この世にはほんの少数存在する

その人々の名は
「神人」
彼らは自分の存在そのものに誇りを持って生きている
彼らにとって生きがいの喪失など、全く考えられないことなのだ
彼らの人生は
毎日　毎朝　瞬々刻々が
生きがいと使命感の連続である
生きることに迷いはない
無駄もない
常に世界人類が平和でありますようにと祈りつづけ
人類即神也と印を組みつづける

生命の根底にあるものは
世界平和実現と世界人類の幸せのみ
彼らの生きがいと使命感を誰も奪いとることなど出来得ない
彼らは、崇高な精神と神意識を持って
自らの人生を、生きがいをもって喜々として輝かしく生きている
彼らの生存の根底にあるものは
ただただ神より与えられし尊い生命への感謝のみ
故に自らの生命ある限り人類の平和を希求し
天命の完うにすべてを尽くすのである

神人の高く微妙な神秘なる大生命の波長は
世界中の生きがいのない人々に生きがいを与え
希望のない人々に希望を与え

運命に翻弄されている人々に天命を与え
価値のない生き方に新しい息吹きを与え
無意味感と絶望を感じている人々に
創造の喜びを与えているのである

神人はいかなる時も
生きがいと使命感を持って生きている
人類のために尽くしたい、役立ちたいという献身の一心のみである
彼らは自分自身でありきったところから
神人となったのである

参考資料

世界平和の祈り

世界人類が平和でありますように
日本が平和でありますように
私達の天命が完《まっと》うされますように
守護霊様ありがとうございます
守護神様ありがとうございます

人間と真実の生き方

人間は本来、神の分霊《わけみたま》であって、業生《ごうしょう》ではなく、つねに守護霊《しゅごれい》、守護神《しゅごじん》によって守られているものである。

この世のなかのすべての苦悩は、人間の過去世《かこせ》から現在にいたる誤てる想念が、その運命と現われて消えてゆく時に起る姿である。

いかなる苦悩といえど現われれば必ず消えるものであるから、消え去るのであるという強い信念と、今からよくなるのであるという善念を起し、どんな困難のなかにあっても、自分を赦《ゆる》し人を赦し、自分を愛し人を愛す、愛と真《まこと》と赦しの言行をなしつづけてゆくとともに、守護霊、守護神への感謝の心をつねに想い、世界平和の祈りを祈りつづけてゆけば、個人も人類も真の救いを体得出来るものである。

光明思想の言葉

光明思想の言葉には、次のような言葉があります。

無限なる愛
無限なる調和
無限なる平和
無限なる光
無限なる力
無限なる英知
無限なるいのち
無限なる幸福
無限なる繁栄
無限なる富
無限なる供給
無限なる成功
無限なる能力
無限なる可能性
無限なる健康
無限なる快活
無限なるいやし

無限なる新鮮
無限なるさわやか
無限なる活力
無限なる希望
無限なる自由
無限なる創造
無限なるひろがり
無限なる大きさ
無限なる発展
無限なるエネルギー
無限なる感謝
無限なる喜び
無限なる美
無限なる若さ
無限なる善
無限なるまこと
無限なる清らか

無限なる正しさ
無限なる勝利
無限なる勇気
無限なる進歩
無限なる向上
無限なる強さ
無限なる直観
無限なる無邪気
無限なるゆるし
無限なる栄光
無限なる気高さ
無限なる威厳
無限なる恵み
無限なる輝き
無限なる包容力

我即神也《われそくかみなり》（宣言文）

私《わたくし》が語る言葉は、神そのものの言葉であり、私が発する想念は、神そのものの想念であり、私が表わす行為は、神そのものの行為である。

即ち、神の言葉、神の想念、神の行為とは、あふれ出る、無限なる愛、無限なる叡智《えいち》、無限なる歓喜、無限なる幸せ、無限なる感謝、無限なる生命《いのち》、無限なる健康、無限なる光、無限なるエネルギー、無限なるパワー、無限なる成功、無限なる供給……そのものである。それのみである。

故に、我即神也、私は神そのものを語り、念じ、行為するのである。

人が自分を見て、「吾《われ》は神を見たる」と、思わず思わせるだけの自分を磨き高め上げ、神そのものとなるのである。

私を見たものは、即ち神を見たのである。私は光り輝き、人類に、いと高き神の無限なる愛を放ちつづけるのである。

人類即神也《じんるいそくかみなり》（宣言文）

私が語ること、想うこと、表わすことは、すべて人類のことのみ。人類の幸せのみ。人類の平和のみ。人類が真理に目覚めることのみ。

故に、私個に関する一切の言葉、想念、行為に私心なし、自我なし、対立なし。すべては宇宙そのもの、光そのもの、真理そのもの、神の存在そのものなり。

地球上に生ずるいかなる天変地変、環境汚染、飢餓、病気……これらすべて「人類即神也」を顕すためのプロセスなり。

世界中で繰り広げられる戦争、民族紛争、宗教対立……これらも又すべて「人類即神也」を顕すためのプロセスなり。

故に、いかなる地球上の出来事、状況、ニュース、情報に対しても、又、人類の様々なる生き方、想念、行為に対しても、且つ又、小智才覚により神域を汚《けが》してしまっている発明発見に対してさえも、これらすべて「人類即神也」を顕すためのプロセスとして、いかなる批判、非難、評価も下さず、それらに対して何ら一切関知せず。

私は只《ただ》ひたすら人類に対して、神の無限なる愛と赦《ゆる》しと慈しみを与えつづけ、人類すべてが真理に目覚めるその時に至るまで、人類一人一人に代わって「人類即神也」の印を組みつづけるのである。

〈宇宙神―直霊―分霊について〉

第1図

宇宙神（大神様）は、まず天地に分かれ、その一部の光は、海霊、山霊《やまだま》、木霊《こだま》と呼ばれ、自然界を創造し、活動せしめ、その一部は、動物界を創造し、後の一部の光は、直《ちょく》霊《れい》と呼ばれて、人間界を創造した。（第1図）直霊は、各種の光の波を出し、霊界を創り、各分霊《ぶんれい》となり、各分霊が直霊より分けられた光（心）により創造力を駆使して幽界、肉体界を創造した。その過程において、各分霊は、自ら発した念波の業因《ごういん》の中に、しだいに自己の本性を見失っていった。

そこで、直霊は自己の光を分けて、分霊たちの守護神となし、守護神は、最初に肉体界の創造にあたった分霊たちを、業因縁《ごういんねん》の波から救い上げた。この分霊たちは、守護霊となり、守護神に従って、ひきつづき肉体界に働く後輩の分霊たち（子孫）の守護にあたることになった。そして分霊の経験の古いものから、順次、守護霊となり、ついには各人に必ず一人以上の守護霊がつくまでになって、今日に及んでいる。（第2図）

第2図

神人（しんじん）養成プロジェクト

一九九九年より「神人養成プロジェクト」が始まりました。

神人とは、真理に目覚めた人（自分も人も本質は神であると自覚し、愛そのもの、調和そのものの想念行為の出来る人、または、そうなるよう努めている人）であり、また、宇宙神の光を自らの身体に受け、地球上に放つことが出来る人です。

現在の地球は、急速に、次元が上昇しつづけ、物質文明から精神文明への過渡期にある、と言われています。宇宙神の計画では、神人が十万人に達すると、さらに強力な光を地球世界に流入させることができ、人類が真理に目覚めはじめ、やがて、この地球上に完全なる平和世界が樹立される、ということです。

このプロジェクトの目的は、神人を十万人つくることにあります。

神人養成プロジェクトに関心がおありの方は、白光真宏会伝道グループ（TEL０５４４－２９－５１０５）までお問い合わせください。

白光真宏会のホームページ（http://www.byakko.or.jp/4_method/shinjin_project.html）でもご覧いただけます。

五井昌久（ごい　まさひさ）
大正５年東京に生まれる。昭和24年神我一体を経験し、覚者となる。白光真宏会を主宰、祈りによる世界平和運動を提唱して、国内国外に共鳴者多数。昭和55年８月帰神（逝去）する。著書に『神と人間』『天と地をつなぐ者』『小説阿難』『老子講義』『聖書講義』等多数。

西園寺昌美（さいおんじ　まさみ）
祈りによる世界平和運動を提唱した故・五井昌久氏の後継者として、〈白光真宏会〉会長に就任。その後、非政治・非宗教のニュートラルな平和活動を推進する目的で設立された〈ワールド ピース プレヤー ソサエティ（国連NGO）〉代表として、世界平和運動を国内はもとより広く海外に展開。1990年12月、ニューヨーク国連本部総会議場で行なった世界各国の平和を祈る行事は、国際的に高い評価を得た。1999年、財団法人〈五井平和財団〉設立にともない、会長に就任。2008年には西園寺裕夫氏（五井平和財団理事長）と共に、インド世界平和賞「哲学者　聖シュリー・ニャーネシュワラー賞2007」を受賞。2010年には「女性リーダーサミット」で第１回目の「サークルアワード」を受賞。ブダペストクラブ名誉会員。世界賢人会議（WWC）メンバー。
『明日はもっと素晴しい』『我即神也』『世界を変える言葉』（以上、白光出版）
『あなたは世界を変えられる（共著）』『もっともっと、幸せに』『無限なる幸せ』（以上、河出書房新社）
『ハーモニック地球ヒーリング　〈縄文宇宙意識〉で世界のカルマ・トラウマを溶かしましょう（共著）』（ヒカルランド）
『You are the Universe』『The Golden Key to Happiness』『Vision for the 21st Century』『You Can Change The World』　など著書多数。

発行所案内：白光（びゃっこう）とは純潔無礙なる澄み清まった光、人間の高い境地から発する光をいう。白光真宏会出版本部は、この白光を自己のものとして働く菩薩心そのものの人間を育てるための出版物を世に送ることをその使命としている。この使命達成の一助として月刊誌『白光』を発行している。

白光真宏会出版本部ホームページ　http://www.byakkopress.ne.jp/
白光真宏会ホームページ　http://www.byakko.or.jp/

世界のひな形――日本

平成二十三年十月二十日　初版

著　者　五井昌久
　　　　西園寺昌美
発行者　平本雅登
発行所　白光真宏会出版本部
〒418-0102　静岡県富士宮市人穴八一二―一
電　話　〇五四四（二九）五一〇九
ＦＡＸ　〇五四四（二九）五一二二
振　替　〇〇一二〇・六・一五一三四八
東京出張所
〒101-0064　東京都千代田区猿楽町二―一―一六　下平ビル四〇一
電　話　〇三（五二八三）五七九八
ＦＡＸ　〇三（五二八三）五七九九
印刷所　株式会社　明徳印刷出版社

ISBN978-4-89214-200-0 C0014